HEYNE BÜCHER

Chao-Hsiu Chen

Feng Shui für Schönheit und Wohlbefinden

Das chinesische Geheimwissen um Harmonie und Alterslosigkeit

Mit 100 Zeichnungen und Kalligraphien

WILHELM HEYNE VERLAG
MÜNCHEN

HEYNE RATGEBER
08/5320

Umwelthinweis:
Dieses Buch wurde auf
chlor- und säurefreiem Papier gedruckt.

Originalausgabe 04/2000

http://www.heyne.de
Printed in Germany 2000
Lektorat: Barbara Imgrund
Kalligraphien: Chao-Hsiu Chen
Zeichnungen: Janne Poelz, Aying
Umschlaggestaltung: Atelier Bachmann & Seidel, Reischach
Umschlagabbildung: Marie Corto/Premium, Düsseldorf
Satz: Schaber Satz- und Datentechnik, Wels
Druck und Bindung: Ebner Ulm

ISBN 3-453-16533-0

Inhalt

Schönheit verändert die Welt

Viele Ereignisse in der Geschichte der Menschheit bestätigen ein altchinesisches Sprichwort, das besagt: »Niemand vermag das Tor der Schönheit zu durchschreiten, ohne Schaden zu nehmen.« So gibt es z. B. in der Historie des Reiches der Mitte drei Frauen, deren Schönheit die politischen Verhältnisse des Landes entscheidend beeinflußte und den jeweiligen Herrschern nicht nur zum Vorteil gereichte. Eine dieser schönen Frauen war die berühmte Shi-she, die um 500 v. Chr. lebte. Sie war im Yue-Reich geboren, das mit dem Wu-Reich im Krieg lag. Da sie von überirdischer Schönheit war, ersann man den listigen Plan, sie mit dem Herrscher des Wu-Reiches zu vermählen, auf daß sie ihm seine geheimen militärischen Absichten entlocke. So geschah es, und das Reich Wu konnte erobert werden.

Die zweite Staatsveränderin war Chao-güen, die in der westlichen Han-Dynastie lebte. Sie wurde mit dem Herrscher der Mongolen verheiratet, damit sie ihn durch ihre Schönheit derart verzaubere, daß er fürderhin auf kriegerische Auseinandersetzungen mit dem Han-Reich verzichten würde. Auch dieser Plan ging auf.

Als drittes Beispiel zeigt uns Yang Yühang aus der Tang-Dynastie, wie das politische Leben eines Landes durch Schönheit zu einem ausgesprochen kunstorientierten wird, denn allgemein gilt jene Epoche der chinesischen Geschichte als diejenige, die die größten Werke der Malerei und Literatur hervorbrachte. Das ist kein Wunder, wenn man bedenkt, daß sich die Künstler jener Zeit von der Schönheit Yang Yühangs inspirieren ließen. Ohne sie hätte es dieses »Goldene Zeitalter«, wie die Tang-Dynastie auch bezeichnet wird, nie gegeben.

Wie in China, so traten auch in der westlichen Welt immer wieder Frauen auf, deren Schönheit den Lauf der Geschichte zu beeinflussen vermochte: Kleopatra, Madame Pompadour, Lola Montez, Mata Hari, Wallis Simpson ...

Schönheit ist die beste Gabe, die wir von der Natur bekommen haben – diese Überzeugung galt während der letzten 5000 Jahre. Heute denkt man zwar noch genauso, doch ist zur Schönheit die Gesundheit getreten, so daß beide heute untrennbar miteinander verbunden sind. Die meisten Menschen möchten schön und gesund sein, um sich wohl zu fühlen, um geliebt zu werden, um erfolgreich zu sein. Sie wissen aber, daß die natürlichen Gaben allein meist nicht ausreichen und daß man zum Erlangen seines Zieles gewisse Anstrengungen unternehmen muß. Die Chinesen sagen: »30 Prozent natürliche Gabe, 70 Prozent harte Arbeit.« Was aber bedeutet »harte Arbeit« für das Erlangen von Schönheit? Mit Sicherheit nicht den gnadenlosen Umgang mit Make-up, sondern eher die Kunst, aus dem Geschenk der Natur das Beste zu machen. Aber wie mag das vor sich gehen – zumal ja die Menschen voneinander verschieden sind?

Es gibt viele Wege, dieses Ziel zu erreichen: ausgewählte Kleidung, richtiges Make-up, Diät, Sport, Fitneß, Yoga, Qi Gong, Meditation usw. Für jede dieser Methoden ein besonderes Resultat: eine ausgeprägtere Muskulatur etwa oder gleichmäßigere Bewegungsabläufe oder eine schlankere Figur. Alle erwähnten Möglichkeiten der Schönheitsverbesserung beziehen sich aber niemals auf den ganzen Menschen, sondern widmen sich ausschließlich entweder dem inneren Bereich oder dem äußeren. Zudem bereiten sie meistens eine Menge Umstände, kosten viel Geld oder Zeit.

Manche Frauen und auch Männer meinen, sich Schönheitsoperationen unterziehen zu müssen, um so zu werden, wie sie es für angebracht halten. Dazu meinen die Chinesen: »Die äußere Erscheinung ist nur ein Spiegelbild der inneren Haltung.«

Kann ein Schönheitschirurg auch das Innere verbessern? Sicher nicht; deshalb sollte man eben auch am Gemüt und am Gefühl arbeiten, um zusammen mit dem Äußeren eine Harmonie des Ganzen zu erreichen. Und genau dies möchte das vorliegende Werk vermitteln: Wie man ohne großen zeitlichen und finanziellen Aufwand jenes Ergebnis hinsichtlich seiner Schönheit erzielt, das man sich erhofft. Die hier vorgestellten Übungen beeinflussen den inneren und den äußeren Bereich und sollten so angewendet werden, daß sie ein Teil der täglichen Routine werden. So können wir das Beste aus unseren natürlichen Gaben machen, den Prozeß des Alterns verlangsamen und vielleicht sogar die Welt verändern ...

Im antiken China sah man den Körper als Mikrokosmos an. Er beherbergte Yin (Weibliches) und Yang (Männliches), die fünf Elemente (Holz = Leber, Feuer = Herz, Erde = Milz, Metall = Lunge, Wasser = Nieren), Wind (Luft) und Wasser.

Dieser Mikrokosmos kann sich den Einflüssen des Makrokosmos nicht entziehen (z. B. Einfluß des Mondes auf den weiblichen Zyklus). Beide Kosmen laufen nach bestimmten Regeln ab. Geschieht dies nicht, herrscht eine Krankheit vor (El Niño z. B. ist eine Krankheit des Makrosystems Erde). Für die Heilung des Mikrosystems Mensch hatten und haben die Chinesen verschiedene Methoden: Akupunktur, Akupressur, Naturmedizin und Feng Shui.

Diese 5000 Jahre alte Lehre entspringt der Beobachtung der natürlichen Welt- und Lebensabläufe und dient der Verbesserung der körperlichen und seelischen Qualitäten, um Gesundheit, Glück und Erfolg dauerhaft werden zu lassen. Es waren taoistische Priester, die aus solchen Beobachtungen eine Lehre formten, welche im Laufe der Zeit immer mehr verfeinert wurde – so daß wir heute vom Wohnungs-, vom Namens-, vom Körper- und eben auch vom Schönheits-Feng-Shui sprechen.

Dieses Buch möchte einen tiefen Einblick in die Verbindung zwischen Mensch und Natur und in die Einheit von innerer und äußerer Schönheit vermitteln. Wenn Sie in dieses uralte Feng-Shui-Geheimnis eintauchen, in das Elemente von Qi Gong, Akupressur und Yoga eingeflossen sind, werden Sie entdecken, daß Sie plötzlich all das erreichen können, was Sie sich immer schon gewünscht haben ...

Abb. 1: Mei – Schönheit

Der Weg zur äußeren Schönheit

Wenn man sich zu entscheiden hätte zwischen einem Menschen, dessen Gesicht schön, dessen Körper aber völlig unproportioniert ist, und einem, dessen Körper wohlgestaltet, dessen Gesicht aber häßlich ist – für welchen würde man votieren? Wahrscheinlich würden die meisten von uns sagen, es wäre gut, wenn das Gesicht weder zu schön noch zu häßlich sei, was auch für den Körper gelte. Diese Aussage offenbart das Bedürfnis nach Harmonie, nach Proportionalität, nach Ausgewogenheit – was nicht nur für die Summe der Teile, sondern auch für die einzelnen Teile selbst gilt. Beginnen wir also unseren Weg zur Harmonie mit dem, was zuerst auffällt, wenn man sich selbst im Spiegel betrachtet oder wenn man einem anderen Menschen begegnet: dem Gesicht.

Abb. 2: Tiao – Harmonie

Das Gesicht: Im Antlitz der reinen Pfirsichblüte

In der chinesischen Kultur ist das Gesicht nicht nur der wichtigste Teil des menschlichen Körpers, sondern auch das Wichtigste im Leben überhaupt, da in China die Frage nach dem Ansehen einer Person von so großer Bedeutung ist, daß sich dieser Umstand sogar in der Sprache wiederfindet: »Seinen Ruf einbüßen« wird ausschließlich mit »sein *Gesicht* verlieren« umschrieben. Der »Gesichtsverlust« ist mittlerweile freilich international, weshalb jedermann bestrebt sein sollte, einen »Gesichtsgewinn« zu schaffen.

Woran liegt es eigentlich, daß wir ein Gesicht für schön erachten, ein anderes aber nicht? Sicherlich sind es nicht nur die natürlichen Gegebenheiten, die wir wertschätzen oder abfällig beurteilen, sondern die Summe vieler Details, die uns anzieht oder abstößt. Zu diesen Einzelheiten gehören

- das Lächeln: freundlich, falsch, süß, charmant, gekünstelt etc.
- der Ausdruck: sorgenvoll, bösartig, kühl, unfreundlich, nervös, abgekämpft, traurig, warmherzig, unschuldig, entspannt, sicher, attraktiv, weise, verständnisvoll, gütig etc.
- die Haut: glatt, seidig, glänzend, fest, gut durchblutet, stumpf, rauh, blaß, pockennarbig, rotgeädert, faltig etc.

Auf den ersten Blick scheinen diese drei Faktoren nicht zusammenzugehören. Man bedenke jedoch: Das Lächeln, das von den Lippen stammt, beeinflußt den Ausdruck, so daß dieser speziell am Mund abzulesen ist – und natürlich an den Augen (da der Ausdruck der Augen aber nur von innen zu ändern ist, wird er momentan nicht in Betracht gezogen). Die Haut jedoch stellt wie das Lächeln einen Faktor dar, der von außen zu beeinflussen ist – also sind Lächeln, Ausdruck und Haut zunächst Gesichtsmerkmale, deren Eigenschaften auch durch äußere Anwendungen verbessert werden können.

Übungen für das Gesicht

1. *Speichelförderndes Kauen (bei jeder Mahlzeit durchzuführen)*

Dieses Kauen verbessert den Speichelfluß: Dadurch wird ein besseres Verdauen der Nahrung ermöglicht, und die Milz, die an der Bildung und Zerstörung der roten Blutkörperchen beteiligt ist, wird angeregt. So beeinflußt der Blutkreislauf auch die Muskulatur und somit die Haut.

Halten Sie beim Kauen die Lippen geschlossen. Mahlen Sie die Nahrung langsam, und verteilen Sie sie gleichmäßig im Mund. Bewegen Sie Ober- und Unterkiefer heftig, ohne dabei die Lippen zu öffnen. Kauen Sie auf beiden Seiten gleichzeitig. Die Bewegungen sollten bis zum Ende der Backenknochen hin spürbar sein.

Diese Übung hilft die Backenmuskulatur zu festigen. Dadurch werden Falten vermieden, die Haut wird seidig, das Lächeln attraktiver und der Gesamtausdruck positiv.

2. *Sauerstofffördernde Gesichtsreinigung (bei jedem Waschen durchzuführen)*

Diese Gesichtsreinigung stärkt die Konsistenz der Poren: Dadurch kann die Haut mehr Sauerstoff aufnehmen und somit besser atmen.

A: Reinigen Sie Ihr Gesicht vom Make-up; verwenden Sie dafür einen in Make-up-Entferner getauchten Wattebausch. Reiben Sie stets von oben nach unten; niemals umgekehrt, sonst bringen Sie Schmutz und Make-up in die Poren hinein und verstopfen sie, wodurch Hautunreinheiten hervorgerufen werden.

B: Nehmen Sie lauwarmes Wasser in die Hände, und ziehen Sie es langsam in die Nase, indem Sie sich vorbeugen und das Wasser »einatmen«; blasen Sie es mit Kraft sofort wieder heraus. Wiederholen Sie diesen Vorgang, bis Sie sehen, daß das ausgeblasene Wasser ganz sauber ist.

C: Waschen Sie nun Ihr Gesicht, wie Sie es gewohnt sind (aber immer mit kaltem Wasser). Trocknen Sie es ab, und beginnen Sie mit folgenden »Schlagübungen« (entweder mit trockenen oder mit von Gesichtswasser angefeuchteten Händen):

- Schlagen Sie mit der rechten Hand neunmal auf die Stirn und gleichzeitig mit der linken Hand neunmal auf das Kinn. Wiederholen Sie dies mit der jeweils anderen Hand.
- Schlagen Sie mit der rechten Hand neunmal auf die rechte Wange und gleichzeitig mit der linken Hand neunmal auf die linke Wange. Wiederholen Sie dies mit gekreuzten Händen.

Halten Sie dabei die Augen geschlossen, und schlagen Sie nicht zu sanft, sondern durchaus so stark, daß Sie einen geringen Schmerz verspüren.

Diese Übungen helfen, die Gesichtsmuskulatur zu stärken und Hautunreinheiten sowie Falten zu vermeiden. Übung B hält die Nasenschleimhaut geschmeidig und trägt dazu bei, Erkältungskrankheiten abzuwehren.

3. *Akupressur-Eincremen (nach jedem Waschen durchzuführen)*

Auch die Haut braucht die richtige Nahrung: Die Hautzellen, die während des Tages durch die Umwelteinflüsse absterben, regenerieren sich während der Nacht. Deshalb ist es wichtig, für die Stunden des Tages die richtige Schutzcreme zu verwenden und für die Stunden der Nacht die passende Aufbaucreme. Für beide Fälle gibt es hauttyp- und saisonspezifische, hervorragende Kosmetika. Dennoch sollten Sie niemals zuviel davon verwenden, denn das Geheimnis schöner Haut liegt im Inneren und nicht nur im Äußeren. Es ist also besser, weniger zu verwenden; und noch besser ist der richtige Gebrauch:

A: Tragen Sie die Creme auf Stirn, Kinn und Wangen auf. Sodann stellen Sie die Ellenbogen nach außen, heben die Arme in Brusthöhe, richten die Wirbelsäule gerade auf, atmen normal und schließen die Augen. Mit den Fingerkuppen Ihrer rechten Hand reiben Sie nun die Creme von der rechten Schläfe in acht Kreisbewegungen zur linken Schläfe. Die neunte Bewegung führt an Ihrem Backenknochen und der Wange entlang zum Kinn. Mit der linken Hand vollziehen Sie die gleichen Bewegungen in die andere Richtung.

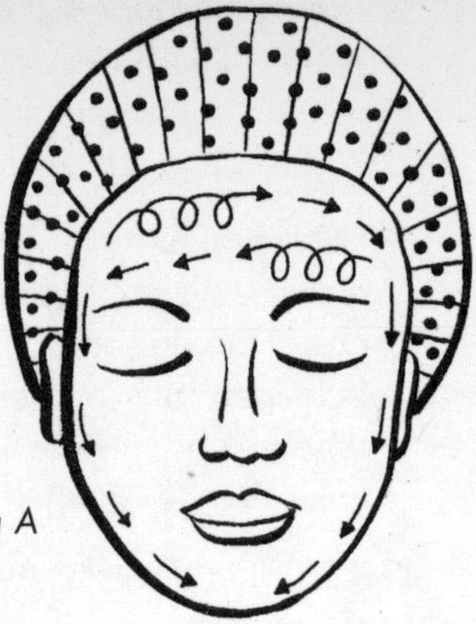

Abb. 3: Akupressurübung A

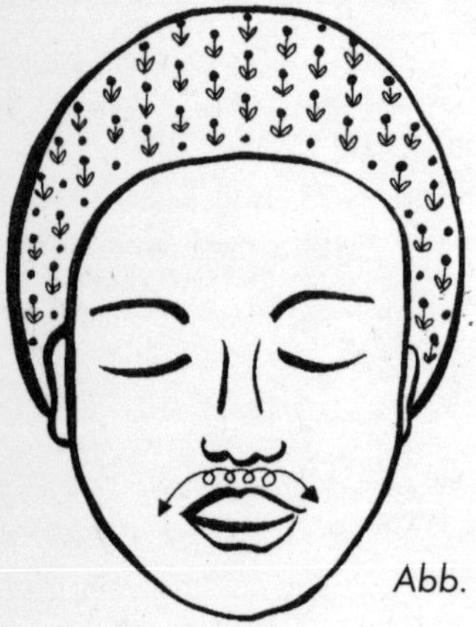

B: Nun behandeln Sie Ihre Mundpartie, indem Sie die Creme mit der rechten Hand am rechten Mundwinkel beginnend zum linken Mundwinkel und zum Ausgangspunkt zurück in neun Kreisbewegungen einmassieren. Mit der linken Hand verfahren Sie umgekehrt.

Abb. 4: Akupressurübung B

C: Fahren Sie mit beiden Handinnenflächen in kreisenden Bewegungen die Wangen entlang, bis die restliche Creme eingerieben ist.

D: Legen Sie jeweils den Mittelfinger an die Nasenwurzel und drücken Sie ihn zwischen den Brauen und den geschlossenen Augen in einer Kreisbewegung um das Auge

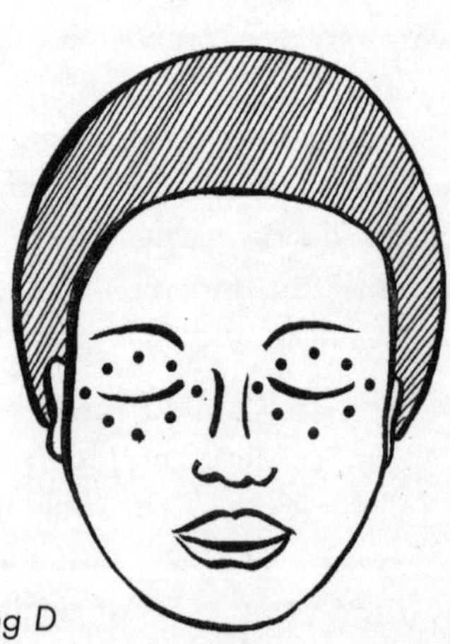

Abb. 5: Akupressurübung D

herum. Abbildung 5 zeigt Ihnen die acht Akupressurpunkte. Wiederholen Sie diese Übung dreimal.

Wenn Sie Ihr Gesicht auf diese Weise eincremen, sparen Sie nicht nur viel Zeit, sondern werden auch bald feststellen, daß sich Ihre Haut verändert hat: Sie ist nun seidiger, feiner, weicher und weist deutlich weniger Falten auf.

E: Legen Sie Ihre beiden Daumen an die Chi-Punkte hinter Ihren Ohrläppchen (dort, wo Sie normalerweise Parfum auflegen) und bewegen Sie beide Hände neunmal nicht zu schnell und nicht zu langsam in Richtung Kinn. Schließen Sie dabei die Augen, und öffnen Sie sie erst nach dem neunten Mal wieder. Wiederholen Sie dies dreimal.

Abb. 6: Akupressurübung E

F: Atmen Sie tief ein. Beim hörbaren Ausatmen klopfen Sie mit den Fingerkuppen neunmal die Partie zwischen Nase und Kinn um den Mund herum schnell ab. Der Anschlag Ihrer Finger sollte dabei dem Stakkato des Klavierspiels ähnlich sein. Machen Sie diese Übung insgesamt viermal hintereinander.

Werden die vorstehenden Übungen korrekt ausgeführt, so verstärkt sich die Speichelproduktion: Dadurch werden Schilddrüse und Milz stimuliert, was wiederum zu einer besseren Durchblutung der Haut führt – und somit letztlich zu einem schöneren Aussehen.

Abb. 7: Akupressurübung F

Abb. 8: *Tao Hua – Pfirsichblüte*
(das chinesische Symbol für das schöne Gesicht)

Der Hals:
Bambuskraft im Lebenswind

Die meisten Menschen betrachten entweder das Gesicht oder die Körperproportionen ihres Gegenübers, selten aber richten sie ihre Aufmerksamkeit auf den Hals, wenn dieser nicht durch Kleidung verdeckt ist. Sieht man sich dagegen asiatische, altägyptische, griechische oder römische Skulpturen an, so wird man feststellen, daß die Bildhauer der entsprechenden Epochen gerade dem Hals größte Bedeutung beimaßen. Die Mißachtung des Halses im »normalen« Leben ist sonderbar, vor allem wenn man bedenkt, daß diese Region zu den bevorzugten »Kußplätzen« (speziell der Männer) gehört. Auch die Erfindung von Halskette, Schal oder Krawatte verdeutlicht, daß der Hals doch etwas ist, das man nicht unterschätzen sollte. Also wollen wir auch ihm einige Übungen angedeihen lassen, damit er – egal ob kurz, schlank, dick oder lang – als genauso wertvoll angesehen wird wie die übrigen Körperteile; nicht zuletzt auch deshalb, weil er es ist, der unseren Kopf trägt, ein ganzes Leben lang. Seiner Kraft haben wir es zu verdanken, daß wir nicht nur über ein Blickfeld von 270 Grad verfügen, sondern auch, daß wir sprechen, atmen, essen, riechen, hören und küssen können.

Übungen für den Hals

1. *Gesichtswasser für die Himmelssäule (morgens nach dem Waschen durchzuführen)*

Da sich am Hals acht wichtige Meridianpunkte befinden, ist es nötig, diese durch leichtes Schlagen zu stimulieren, damit der gesamte Kreislauf in Schwung kommt.

Nehmen Sie etwas Gesichtswasser in die Hände, und bringen Sie es mit leichten Schlägen an den Hals, indem Sie zuerst mit der rechten Hand neunmal die Vorderseite »bearbeiten« und dann mit beiden Händen die Seiten selbst. Danach wiederholen Sie dies mit der linken Hand und dann mit beiden Händen. Machen Sie diese Prozeduren noch einmal, und achten Sie dabei stets auf eine gerade Körperhaltung.

2. *Akupressurübung (morgens nach dem Waschen durchzuführen)*

Legen Sie Ihre beiden Daumen an die Chi-Punkte hinter den Ohrläppchen, und bewegen Sie beide Hände neunmal nicht zu schnell und nicht zu langsam in Richtung Kinn. Schließen Sie dabei die Augen, und öffnen Sie sie erst nach dem neunten Mal wieder. Wiederholen Sie dies dreimal (diese Übung finden Sie auch bei den Übungen für das Gesicht: Nr. 3 E, S. 17).

3. *Chi-Übung (abends nach dem Waschen durchzuführen)*

Stellen Sie sich locker mit geöffneten Beinen hin, und atmen Sie so lange wie möglich aus, wobei Sie mit den Lippen den Laut F formen. Dann atmen Sie so tief wie möglich ein, während Sie gleichzeitig den Hals nach hinten beugen und die Schultern hochziehen. Halten Sie den Atem so lange wie möglich an, kehren Sie danach in die Ausgangsposition zurück, und atmen Sie, wie oben beschrieben, aus. Wiederholen Sie diese Übung dreimal.

Anfangs könnte es sein, daß Sie Nackenschmerzen verspüren. Machen Sie sich keine Sorgen, diese Reaktion ist normal, da wir diesen Teil des Halses selten bewegen. Wenn Sie diese Übung oft machen, werden Sie feststellen können, daß sich der Schwung Ihrer Hals-Schulter-Linie verschönert. Die dritte Übung führt darüber hinaus auch zu einem tieferen Schlaf, der seinerseits einen positiven Einfluß auf die Schönheit hat.

Auch diese Übungen sollten zu Ihrer täglichen Routine werden, vor allem schon deshalb, weil sie kaum Zeit kosten, aber äußerst effektiv sind – besonders dann, wenn Sie nicht mehr von ihnen ablassen.

Abb. 9: *Gin Tzu – Die Kraft des Bambus*

Die Arme: Hundertfältige Himmelszweige

Die einzige Möglichkeit, alle Muskeln des Körpers gleichzeitig zu betätigen, bietet sich beim Schwimmen, das überdies den Vorzug hat, daß es für eine ausgeglichene Armmuskulatur sorgt. Keine Arbeit, bei der Bizeps und Trizeps extremeren Anforderungen unterliegen, kann dem Resultat des Schwimmens gleichkommen – vor allem deshalb, weil die Muskeln stets ungleich beansprucht werden. Es geht nicht darum, sich besonders viel Muskelmasse anzutrainieren, sondern um die Herstellung der Ausgewogenheit, die sich in einer schönen Linienführung wiederfindet. Zudem sind es speziell die Muskeln des Oberarms, die mit dem Einsetzen des Alters ihre Konsistenz verlieren. Da aber nicht jedermann täglich zum Schwimmen gehen kann, seien hier drei Übungen vorgestellt, die in der Lage sind, sowohl für eine Ausgeglichenheit der Linienführung als auch für eine Konsistenzfestigung zu sorgen:

Übungen für die Arme

1. 1/3-2/3-Gehen (durchzuführen, wann immer Sie gehen)

Halten Sie sich gerade. Setzen Sie die Füße so auf den Boden, daß der Ballen zuerst kommt und dann die Ferse folgt. Bewegen Sie Ihre Arme in der Weise, daß Sie sie zunächst 1/3 locker nach vorn werfen und dann in der Gegenrichtung 2/3 nach hinten. Tun Sie dies nicht automatisch, sondern bewußt, bis es automatisch abläuft. Wenn Sie sich unbeobachtet fühlen, können Sie die Arme sogar so nach hinten werfen, daß Ihre Handrücken die Lendenwirbel leicht schlagen. Durch diese Bewegungsabläufe werden Ihre Meridiane aktiviert, was zu einer Verbesserung des Blutkreislaufs führt.

2. Neun Punkte an der Wand (durchzuführen, wann immer man die Müdigkeit überwinden will)

Stellen Sie sich an eine Wand oder eine Tür. Überzeugen Sie sich, daß Ihr Kopf, Ihre Hände, Ihr Gesäß und Ihre Fersen die Wand oder Tür berühren. Fokussieren Sie einen Punkt, der etwas oberhalb des gewohnten Blickfelds liegt. Atmen Sie vollständig aus, und atmen Sie danach so tief wie möglich ein, wobei Sie die Ellenbogen auf Schulterhöhe ziehen und sich gleichzeitig auf die Zehenspitzen stellen. Halten Sie den Atem so lange wie möglich an, während Sie Ihre Position beibehalten. Nun atmen Sie aus und lassen Hände und Füße wieder in die gewohnte Stellung gleiten, wobei Sie allerdings die Knie etwas beugen sollten. Machen Sie diese Übung insgesamt viermal hintereinander.

3. Fünf Atemzüge im X (vor dem Duschen durchzuführen)

Stellen Sie sich mit geöffneten Beinen locker hin. Strecken Sie die Arme in die Höhe, wobei Sie die Hände so überkreuzen, daß die Handinnenflächen aufeinanderliegen. Atmen Sie vollständig aus (Abb. 10 A). Atmen Sie nun langsam ein, und stellen Sie sich gleichzeitig auf die Zehenspitzen. Strecken Sie die Arme noch höher (Abb. 10 B). Atmen

Abb. 10: *Fünf Atemzüge im X*

Sie aus, und beugen Sie die Knie, während Sie nach wie vor auf den Zehenspitzen stehen (Abb. 10 C). Atmen Sie wieder ein, und strecken Sie die Beine (Abb. 10 D). Atmen Sie aus, und kommen Sie in die normale Fußhaltung zurück. Lassen Sie nun auch die Arme sinken (Abb. 10 E).

Abb. 10: Fünf Atemzüge im X

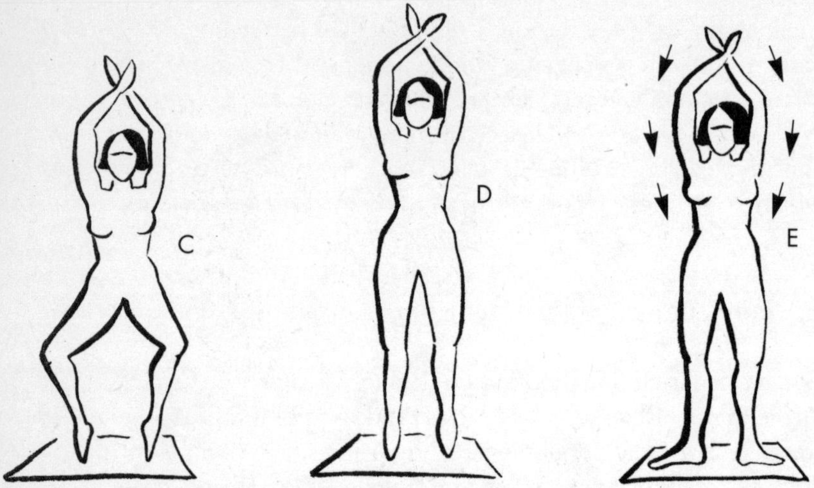

Diese Übung ist natürlich auch für die Gesäß-, Bein- und Brustmuskulatur geeignet. Sie erscheint etwas kompliziert, zeitigt dafür aber mannigfache positive Wirkungen.

Abb. 11: Wan Nan – Arme, die zum Himmel reichen

Die Brüste: Berge des ewigen Lebens

Was ist es, das die weibliche Brust so attraktiv macht, daß kaum jemand sie ignorieren könnte? Mit Sicherheit läßt sich eine Antwort hierauf nur in der Tiefenpsychologie finden, denn die weibliche Brust ist die erste Nahrungs- und somit Lustquelle des Kindes. Die Sucht nach der oralen Befriedigung bleibt ein Leben lang erhalten und wirkt sich auch auf Eß- und Trinkgewohnheiten aus. Die Brüste spenden Leben und Lust zugleich – und je schöner und wohlproportionierter sie sind, desto mehr muß man darauf achten, daß sie ihre Form auch über die Jahre hinweg behalten. Dafür gibt es im Schönheits-Feng-Shui Übungen, die nicht nur für jene Brüste gedacht sind, die auf den Titelbildern von Herrenmagazinen zu sehen sind.

Übungen für die Brüste

1. *Brustatemzüge im X* *(vor oder nach dem Duschen durchzuführen)*

Wiederholen Sie die Übung »Fünf Atemzüge im X« aus dem Arm-Abschnitt (S. 23).

2. *Akupressurübung I* *(während des Duschens durchzuführen)*

Greifen Sie mit der rechten Hand über die linke Brust, und streichen Sie mit einer starken, aber langsamen Bewegung in Richtung Armbeuge, in der Sie Daumen und Mittelfinger zusammenbringen. Verfahren Sie mit der linken Hand über der rechten Brust ebenso. Machen Sie diese Übung neunmal.

Abb. 12: Fon Le – Gipfelglück

3. Akupressurübung II (vor dem Einschlafen im Bett durchzuführen)

Legen Sie beide Hände unterhalb der Brüste auf die Rippen, so daß sich die Mittelfinger berühren. Atmen Sie dabei mit aller Kraft neun Sekunden lang aus. Danach streichen Sie mit den Händen fest über die Brüste in Richtung Hals, während Sie den Atem anhalten. Lassen Sie die Arme daraufhin zur Seite fallen, und atmen Sie tief und langsam ein, so daß sich die Brust wölbt. Wiederholen Sie diese Übung achtmal.

Speziell die Übungen 2 und 3 sind dafür geeignet, den Brustumfang von Frauen wie von Männern zu vergrößern.

Die Taille: Weidenzweige im Reich der Mitte

Um Erotisches auszudrücken, verwendet die chinesische Literatur niemals konkrete Begriffe, sondern ist eher bestrebt, dem Leser oder Zuhörer Bilder aus anderen Bereichen (speziell aus der Natur) zu vermitteln, die dafür geeignet erscheinen, dasselbe auszusagen. So heißt es z. B. in einem Gedicht aus der Tang-Periode über eine Dirne vom Jangtse-Fluß:

»Ihre Arme sind zart
Wie das Blattwerk der Weide,
Deren Zweigen ihre Taille gleicht.«

Im Reich der Mitte ist also eine besonders schlanke Taille seit jeher ein Schönheitsideal – was übrigens auch für das Abendland gilt; man denke etwa an das französische Rokoko und den weitreichenden Gebrauch des Korsetts. Bis in die heutige Zeit ist die Wespentaille en vogue, weshalb viele Frauen meinen, diese Körperform durch ständiges Fasten erreichen zu müssen. Bei den meisten Diäten ist das Ergebnis aber enttäuschend, da man Körperzonen nicht gezielt beeinflussen kann. Es gibt jedoch einfache Übungen, die den gewünschten Erfolg herbeiführen.

Übungen für die Taille

1. Übung (im Bett oder auf dem Fußboden liegend vor dem Schlafen durchzuführen)

Breiten Sie die Arme so weit wie möglich aus, und pressen Sie die Handinnenflächen auf das Bett. Pressen Sie auch die Knie zusammen, und ziehen Sie die Beine an. Konzentrieren Sie sich auf die Taille, richten Sie Ihren Blick zur Zimmerdecke, und schwenken Sie nun die angezogenen Beine sowohl nach links als auch nach rechts. Öffnen Sie die Knie nicht, berühren Sie mit ihnen aber jedesmal die Matratze (den Fußboden), und halten Sie Ihren Kopf gerade.

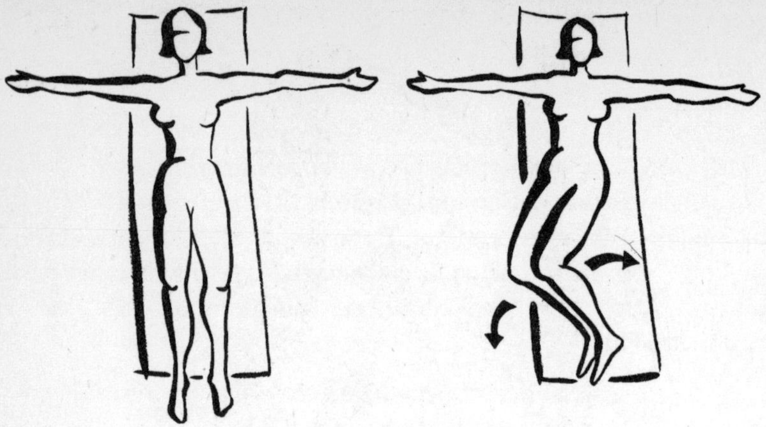

Abb. 13: *Liegeübung für die Taille*

2. *Übung (im Sitzen durchzuführen)*

Andauerndes Sitzen bewirkt oftmals, daß sowohl die Taille als auch das Gesäß an Breite zunehmen. Folgende Übung ist dafür gedacht, dies zu verhindern und zudem Rücken-, Schulter- und Nackenschmerzen Einhalt zu gebieten.
Kaufen Sie sich drei Schaumgummikissen unterschiedlicher Größe; legen Sie sie, wie Abbildung 14 zeigt, auf Ihre Sitzunterlage, und binden Sie sie am Stuhl fest, damit sie nicht verrutschen. Setzen Sie sich nun wie in der Abbildung darauf. Halten Sie den Rücken stets gerade und den Bauch eingezogen. Die Füße müssen dabei flach auf dem Boden aufliegen.

Abb. 14: *Sitzübung für die Taille*

Abb. 15: Fon Liou – Der Wind in den Weiden

3. Übung (beim Gehen durchzuführen)

Diese Übung ist mit dem 1/3-2/3-Gehen (S. 22) fast identisch: Halten Sie sich gerade, und setzen Sie die Füße so auf den Boden, daß der Ballen zuerst auftritt und dann die Ferse folgt; rollen Sie also den Fuß ab. Bewegen Sie die Arme, wie in der genannten Übung beschrieben. Tun Sie dies nicht automatisch, sondern bewußt, bis es automatisch abläuft. Stellen Sie sicher, daß die Kraft der Bewegung aus der Taille kommt und nicht aus den Oberschenkeln.

Um diese Übung besser zu verstehen und auszuführen, denken Sie daran, wie Sie beim Kraulen oder Rückenschwimmen vorankommen: Der »Motor« ist stets die Taille, die Arme sind die »Räder«. Auch beim Tennis oder Golf kommt die Kraft der Armbewegung nicht aus den Armen, sondern aus der Taille. Und je schlanker die Taille ist, desto besser fällt die Bewegung aus.

Der Bauch: Kleiner Hügel, großes Glück

Generell gilt, daß ein weiblicher Körper sich ab dem 30. Lebensjahr nicht mehr zu seinem Vorteil verändert, ein männlicher erst ab dem 50.; der Grund dafür liegt in unserem aufrechten Körperbau. Die Beine müssen das gesamte Gewicht tragen, während die Gelenke sich im Lauf der Zeit immer mehr abnutzen. Verschleißen sich speziell die Hüftgelenke, so führt dies zu breiteren Hüften und somit meist zu einem größeren Bauch.
Ein weiterer Grund für einen vorgewölbten, dicken oder schlaffen Bauch ist einerseits die falsche Ernährung (Fett), andererseits der falsche Eßvorgang an sich, bei dem – da zu hastig vollzogen – zuviel Luft gemeinsam mit der Nahrung in den Magen gelangt. Die dabei entstehenden Gase führen zu deformierten Körperhaltungen und sind nur durch eine vollständige Umstellung der Eßgewohnheiten zu beseitigen.

Folgende Regeln helfen Ihnen, sich einen formvollendeten Bauch (auch im Alter) zu erhalten:

1. Essen Sie fettfrei.
2. Kauen Sie die Nahrung zu einem Brei, den Sie dann langsam hinunterschlucken.
3. Konzentrieren Sie sich beim Essen nur auf das Essen, auf nichts anderes. Lesen Sie nicht dabei, sehen Sie nicht fern.
4. Teilen Sie die Quantität Ihrer Mahlzeiten nach dem Verhältnis 3 (Frühstück) : 2. (Mittagessen) : 1 (Abendessen). Essen Sie nicht mehr nach 19 Uhr. Nehmen Sie abends kein rohes Gemüse oder Salat oder Obst zu sich. Trinken Sie erst nach dem Essen, nicht während der Mahlzeiten.
5. Sitzen Sie so oft wie möglich aufrecht. Trainieren Sie dies anhand Abbildung 14.

Infolge des richtigen Essens zieht sich der erweiterte Bauch auf seine Normalgröße zurück, so daß man dann eben »keinen Bauch« mehr hat.

Übungen für den Bauch

1. Übung zur Entledigung der schlechten Winde (vor dem Schlafengehen durchzuführen)

Legen Sie sich auf den Rücken. Atmen Sie tief ein, und ziehen Sie das rechte Bein mit beiden Händen etwas zu sich heran (Abb. 16 A). Dann atmen Sie aus und ziehen das Bein an die Brust (Abb. 16 B). Wiederholen Sie A und B mit dem linken Bein.
Atmen Sie nun aus, und holen Sie beide Beine mit den Händen leicht an sich heran (Abb. 16 B). Danach atmen Sie aus und ziehen die Beine an die Brust (Abb. 16 D).

Abb. 16: Übung zur Entledigung der schlechten Winde

Machen Sie diese Übung insgesamt viermal, und lassen Sie die Gase dabei entweichen. Dies ist nichts Peinliches, sondern gehört zur Gesundheitsvorsorge.

2. Übung zur Verbesserung der Bauchmuskulatur (vor dem Schlafengehen durchzuführen)

Legen Sie sich auf den Rücken. Die Handinnenflächen berühren die Matratze. Halten Sie die Beine geschlossen (Abb. 17 A). Atmen Sie aus, und heben Sie langsam beide Beine, bis Sie einen 90-Grad-Winkel erreicht haben (Abb. 17 B). Bringen Sie nun die Beine hinter Ihren Kopf

Abb. 17: Übung zur Verbesserung der Bauchmuskulatur

auf die Matratze (Abb. 17 C), atmen Sie dabei normal weiter. Dann greifen Sie mit den Händen hinter den Kopf nach Ihren Zehenspitzen (Abb. 17 D).

3. *Übung zur Stärkung der Bauchmuskulatur (durchzuführen, wann immer es möglich ist)*

Stehen Sie gerade, und pressen Sie die Knie und Füße fest zusammen. Atmen Sie tief ein (Abb. 18 A). Während Sie ausatmen, beugen Sie sich nach vorn und versuchen, Ihre Zehen zu erreichen (Abb. 18 B). Danach atmen Sie tief ein, und während Sie wieder ausatmen, versuchen Sie, Ihren Kopf an die Unterschenkel zu pressen (Abb. 18 C). »Rollen« Sie langsam wieder nach oben, und machen Sie sich dabei in Gedanken jeden Ihrer Muskeln bewußt.

Die Übungen 1 bis 3 wirken sich auch auf die Rücken- und Beinmuskulatur positiv aus; zudem wird die Durchblutung des Gehirns gefördert.

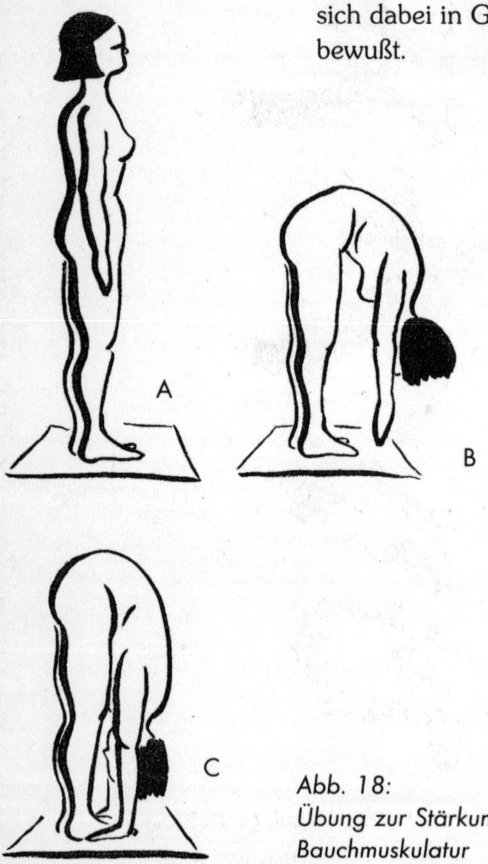

Abb. 18: Übung zur Stärkung der Bauchmuskulatur

Abb. 19: *Shao Fu Da Fu – Kleiner Hügel, großes Glück*

Der Po: Ginkgowunder am Anfang vom Ende

Schon Goethe bestaunte das Blatt des Ginkgobaums, von dem man nicht sagen kann, ob es aus zwei Wesen besteht oder aus einem, das sich geteilt hat. Dasselbe gilt für jenen Teil des menschlichen Körpers, der – von oben nach unten gesehen – den Anfang vom Ende darstellt. Es ist *ein* Po, und doch besteht er aus zwei Hälften. Für Männer wie für Frauen stellt dieser Körperteil stets ein Problem dar: Er ist entweder zu flach oder zu voluminös, zu kraftlos oder zu rund, zu breit oder zu schmal, zu eckig oder zu ... und dennoch: Auch wenn man nie mit ihm zufrieden ist, so stellt er doch für das jeweils andere Geschlecht eine gewisse Attraktion dar. Um diese Attraktion noch zu steigern, seien die folgenden Übungen empfohlen.

Übungen für den Po

1. Übung (vor dem Duschen durchzuführen)

Identisch mit der dritten Armübung (Abb. 10).

2. Übung (vor dem Einschlafen durchzuführen)

Identisch mit der ersten Taillenübung (Abb. 13).

3. Übung (im Sitzen durchzuführen)

Identisch mit der zweiten Taillenübung (Abb. 14).

4. Übung (vor dem Einschlafen durchzuführen)

Legen Sie sich auf die linke Seite (Abb. 20 A). Heben Sie das rechte Bein, während Sie tief einatmen. Halten Sie die Zehen gestreckt (Abb. 20 B). Atmen Sie aus, heben Sie das Bein nach vorn in einem 45-Grad-Winkel, und legen Sie es nieder (Abb. 20 C). Atmen Sie ein, heben Sie das Bein nach hinten in einem 45-Grad-Winkel, und halten Sie es gestreckt neun Sekunden lang in die Luft (Abb. 20 D). Atmen Sie aus, und legen Sie es in die Anfangsstellung zurück (Abb. 20 A). Drehen Sie sich auf die rechte Seite, und wiederholen Sie die Übung mit dem linken Bein.

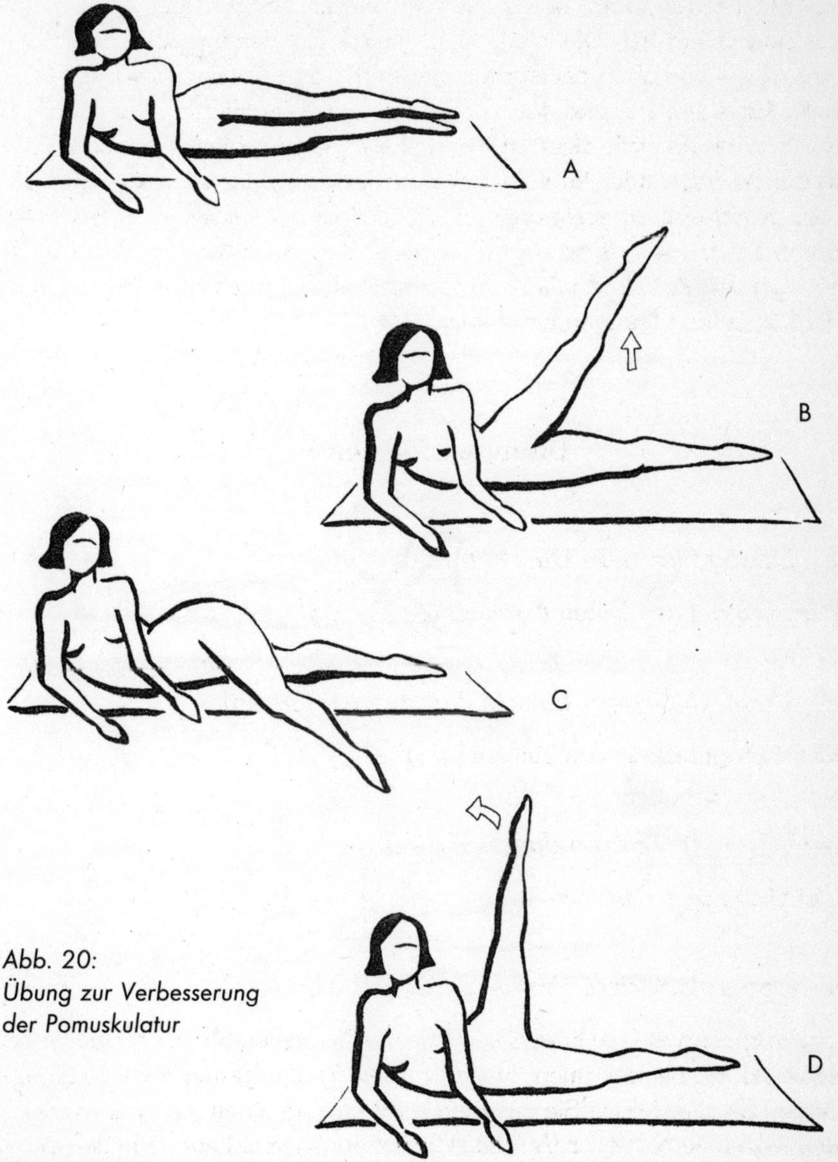

Abb. 20:
Übung zur Verbesserung der Pomuskulatur

5. *Übung (vor dem Einschlafen durchzuführen)*

Legen Sie sich auf den Bauch; die Stirn berührt die Matratze. Beide Hände sind mit den Innenflächen nach unten in Taillenhöhe aufgestützt, die Bein- und die Pomuskulatur sind angespannt, die Füße gestreckt (Abb. 21 A). Atmen Sie tief ein, und stemmen Sie Ihren Oberkörper hoch (Abb. 21 B). Atmen Sie aus, und beugen Sie den Oberkörper so weit es geht zurück (Abb. 21 C). Diese Übung ist auch ein gutes Mittel gegen Verstopfung und kann zudem das Lungenvolumen vergrößern.

Abb. 21: Übung zur Stärkung der Pomuskulatur

Abb. 22: *In Shin Yie –Ginkgoblatt*

Die Beine: Wurzeln in Bewegung

Mit der viele hundert Jahre lang praktizierten »Schönheitsmethode« der geschnürten Füße hat das Reich der Mitte – aus heutiger Sicht – den Frauen wahrlich nichts Gutes getan. Schon im Alter von zwei oder drei Jahren wurden den Mädchen die Füße, deren Knochen ja noch weich waren, durch das Einbinden so verbogen, daß sie sie nie wieder mit der gesamten Fläche aufsetzen konnten. Um das Ergebnis zu »verfestigen«, wurden die Füße mit Baumwollbandagen umwickelt, die nur wenige Male im Jahr erneuert wurden. Der Sinn dieser Prozedur lag darin, die Attraktivität der Frau zu steigern: Durch die bandagierten Füße erschienen die Beine länger, und da während des Gehens eine natürliche Balance nicht mehr gegeben war, mußte die Frau »trippeln«, was wiederum dazu führte, daß Brust und Gesäß mehr als gewöhnlich hervorragten. Das moderne Pendant dazu sind die hohen Absätze und sollen dieselbe Wirkung erzielen, da die Unterschenkel eine künstliche Verlängerung erhalten. Diese Art von Schuhen ist nicht für jede Frau geeignet; dennoch gibt es Möglichkeiten, die Linie der Beine so zu gestalten, daß sie länger als normal erscheinen.

Übungen für die Beine

1. Übung (vor dem Duschen durchzuführen)

Diese Übung ist identisch mit der dritten Übung für die Arme (Abb. 10).

2. Übung (vor dem Einschlafen durchzuführen)

Diese Übung ist identisch mit der vierten Übung für den Po (Abb. 20).

3. Übung (vor dem Einschlafen und kurz nach dem Erwachen durchzuführen)

Legen Sie sich auf den Rücken. Schließen Sie die Beine, atmen Sie tief ein, und strecken Sie die gestreckten Füße so kraftvoll wie möglich in

Richtung Bettende (Abb. 23 A). Atmen Sie aus, und drehen Sie die Füße bei geschlossenen Beinen nach außen zu den Bettseiten (Abb. 23 B). Heben Sie die Beine leicht an, und beschreiben Sie in der Luft mit den Füßen neunmal einen kleinen Kreis von links nach rechts (Abb. 23 B). Wiederholen Sie dies von rechts nach links (Abb. 23 D).

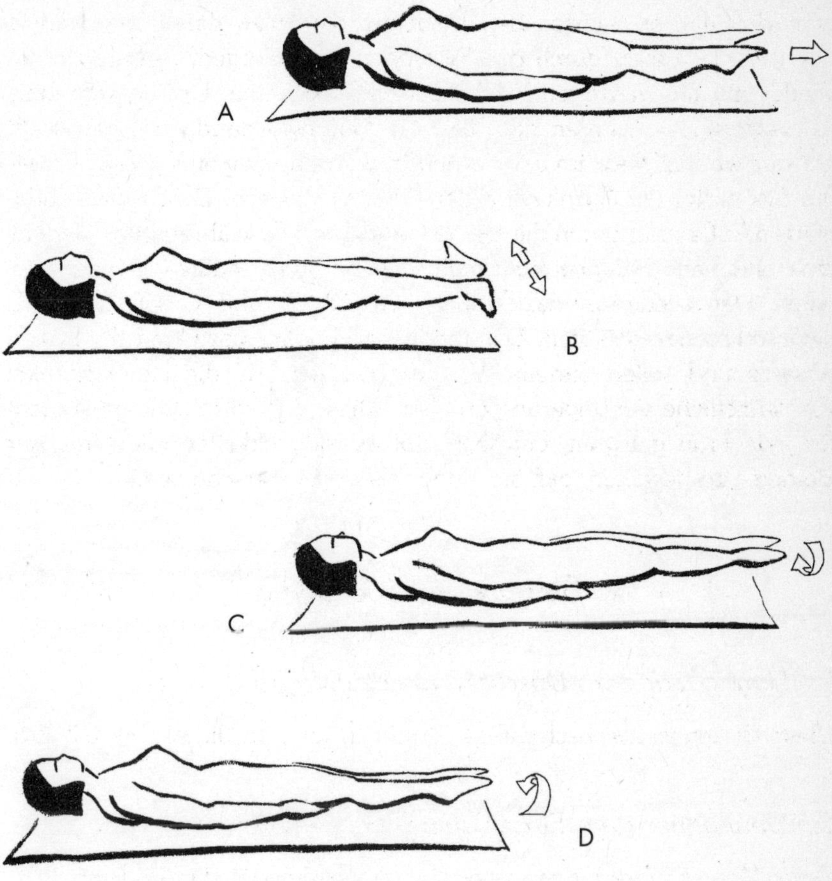

Abb. 23: Übung zur Verschönerung der Beinform

4. Übung (zu jeder Zeit durchzuführen)

Setzen Sie sich auf den Boden, und strecken Sie die Beine geradeaus; die Füße sind gestreckt (Abb. 24 A). Ziehen Sie das rechte Bein an, und greifen Sie mit beiden Händen an die Ferse (Abb. 24 B). Atmen Sie aus, und ziehen Sie das Bein zu sich heran; dabei wird es langsam gestreckt (Abb. 24 C). Wiederholen Sie dies mit dem anderen Bein.

Abb. 24: Übung zur Stärkung der Beinmuskulatur

Abb. 25: *Gao Gen Shie – Hohe Absätze*

Die Haut: Goldbeschienener Jadetau

Der Erfindungsreichtum der kosmetischen Industrie ist gewaltig: Fast jeden Tag kommt ein neues Produkt auf den Markt, das die Haut (nicht nur der Frau) schützen, nähren, verschönern, verbessern soll. Kaufen Sie diese Mittel, weil Sie durch die Werbung dazu veranlaßt werden, oder probieren Sie sie aus und entscheiden dann, welches das beste für Sie ist? Wir alle wissen, daß eine wirklich schöne Haut nicht durch äußere Einflüsse allein zu erwirken ist, sondern daß viele, speziell ernährungsbedingte Gewohnheiten sowie eine gute physische und psychische Konstitution für ein positives Ergebnis ausschlaggebend sind. Für eine gesunde Haut sind nötig:

1. Genügend Schlaf
2. Ausgewogene Ernährung
3. Regelmäßige Hygiene
4. Psychische Stabilität
5. Akupunkturübungen

Diese, der traditionellen chinesischen Medizin entstammenden Übungen, die jederzeit gemacht werden können, sind wie folgt auszuführen:

Übungen für die Haut

1. Übung

Reiben Sie Ihre Hände, bis sie heiß werden. Heben Sie dann das Kinn so hoch wie möglich, und reiben Sie mit den Fingern jeder Hand (ohne den Daumen) langsam den Hals auf und ab, wie in Abbildung 26 A demonstriert.

A

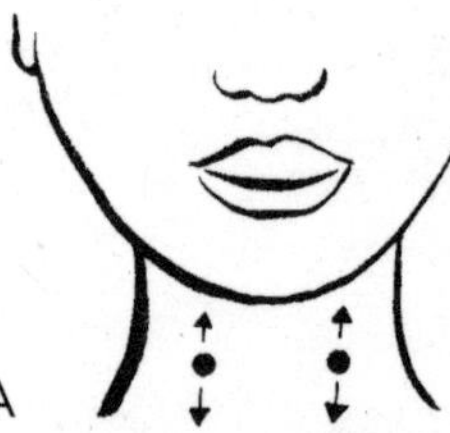

2. Übung

Bearbeiten Sie die in Abbildung 26 B aufgeführten Akupressur-Punkte mit jeweils drei Fingern jeder Hand von oben nach unten, insgesamt 36mal.

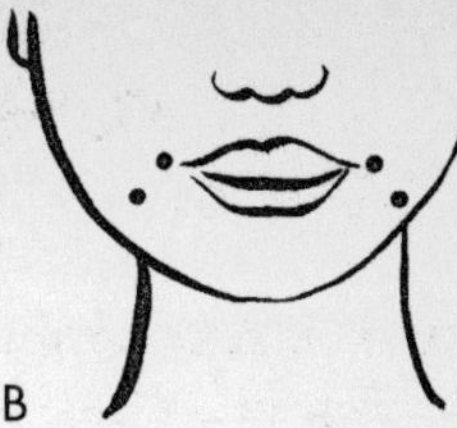

B

3. Übung

Pressen Sie mit jeweils drei Fingern jeder Hand die Augenpunkte, wie in Abbildung 26 C gezeigt. Drücken Sie und atmen Sie gleichzeitig dabei aus. Beim Einatmen lassen Sie jeweils los. Machen Sie diese Übung insgesamt neunmal.

C

Abb. 26: Akupressurübungen für die Haut

Abb. 27: Ü Lu Zou Zuen – *Jadeglatter Morgentau*

Die Haare:
Ein Wasserfall aus Seide

Schönes Haar ist besser als eine schöne Frisur. Kommt aber beides zusammen, so ist nicht nur der Friseur glücklich. Um das Haar so gepflegt wie möglich zu halten, ist es wichtig,

- die für den eigenen Haartyp richtigen Pflegemittel zu finden,
- die Haare im trockenen wie im nassen oder feuchten Zustand stets sanft zu behandeln,
- bei nicht krankheitsbedingtem übermäßigem Haarverlust die Lebensgewohnheiten zu überprüfen und
- so oft wie möglich die folgenden Übungen durchzuführen.

Übungen für die Haare

1. Übung

Reiben Sie Ihre Hände so lange, bis sie heiß sind. Klopfen Sie mit den Fingerkuppen während des Ausatmens den Haaransatz an der Stirn ab (Abb. 28 A). Atmen Sie aus, und wiederholen Sie das Klopfen. Machen Sie dies insgesamt viermal.

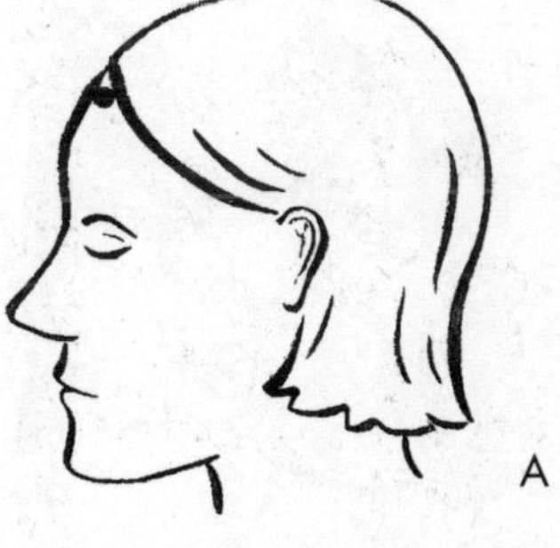

Abb. 28: Akupressurübungen für die Haare

2. Übung

Reiben Sie Ihre Hände erneut, bis sie heiß sind. Atmen Sie aus, und klopfen Sie dabei die Kopfmitte ab (Abb. 28 B). Beim Einatmen klopfen Sie nicht. Machen Sie diese Übung insgesamt viermal.

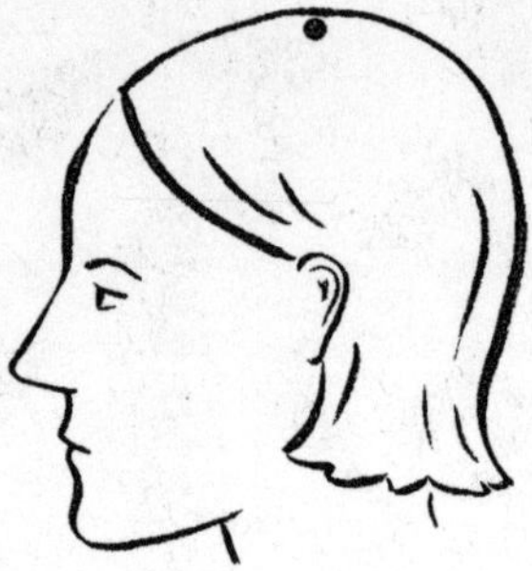

B

3. Übung

Reiben Sie Ihre Hände, bis sie heiß sind. Atmen Sie aus, und klopfen Sie den Haaransatz hinter den Ohren ab (Abb. 28 C). Beim Einatmen klopfen Sie nicht. Machen Sie diese Übung insgesamt viermal.

C

Abb. 28: Akupressurübungen für die Haare

Abb. 29: Sse Pu – Ein Wasserfall aus Seide

Weibliche Sorgen

Das Leben besteht zu einem Großteil aus der Anstrengung, Probleme zu lösen, die man selbst geschaffen hat oder die einem andere bereiten. Deshalb sind auch die Glücksmomente so selten und so kurz. Einen weiteren Großteil unserer Zeit nimmt die Sorge um die Erhaltung bzw. Wiederherstellung unserer Gesundheit in Anspruch; denn zum vollständigen Glück gehört eben auch eine langwährende Gesundheit. Gerade diese aber scheint es sehr selten zu geben, und nur allzuoft plagen uns Sorgen, die zwar nicht direkt als Krankheit einzustufen sind, uns aber dennoch so beeinträchtigen können, daß unser seelisches und körperliches Gleichgewicht gestört wird, weil wir uns schlecht und häßlich vorkommen. In diesem Kapitel haben wir die häufigsten derartigen »Sorgen« zusammengetragen und bieten gleichzeitig Übungen zu deren Beseitigung sowie zur Rückgewinnung abhandengekommener Schönheit an.

Make-up-Verweigerung

Hier liegt das Problem meist nicht am Make-up, sondern an der Qualität der Haut. Sie ist entweder zu rauh, zu fett oder zu haarig, um das Make-up längerfristig zu halten. Der Grund hierfür ist meist in einer Dysfunktion eines der inneren Organe zu suchen, die nur ein Arzt herausfinden kann. Dessen Therapie kann aber durch die folgende Übung (Abb. 30) unterstützt werden:

A: Knien Sie sich wie eine Läuferin am Start hin.

B: Bringen Sie Ihren Kopf so auf den Boden, als würden Sie einen Kopfstand machen wollen. Strecken Sie dann beide Beine nach hinten, so daß Sie einem Berg »ähneln«.

C: Bewegen Sie nun die Fußspitzen neunmal nach vorn, neunmal nach hinten, neunmal nach rechts und neunmal nach links.

Achten Sie darauf, daß Sie Kopf und Hände während der Übung nicht bewegen, daß das Kinn auf der Brust aufliegt und die Augen auf den Boden gerichtet sind. Machen Sie diese Übung nur in nüchternem Zustand, sonst wird Ihnen schwindelig.

Abb. 30: Übung zur Stabilisierung der inneren Organe

Abb. 31: *Shian I – Zusammenpassen*

Sommersprossen

Der Traditionellen Chinesischen Medizin zufolge hängt diese Pigmentstörung mit einer Fehlfunktion der Nebenniere zusammen. Diese ist natürlich nur von einem Arzt zu behandeln, was aber die Sommersprossen nicht zurückbilden wird. Dennoch gibt es eine Übung, durch die zumindest eine leichte Aufhellung der Flecken erfolgt (Abb. 32).

A: Legen Sie sich flach hin, und richten Sie gleichzeitig Rückgrat und Beine in einem 30-Grad-Winkel auf. Die Hände nehmen – an die Brust gedrückt – eine abwehrende Haltung ein. Dabei atmen Sie langsam ein.

B: Drücken Sie die Hände kraftvoll nach vorne, während Sie langsam mit einem »F« ausatmen.

C: Ziehen Sie Hände und Beine wieder an die Brust heran, und atmen Sie dabei ein.

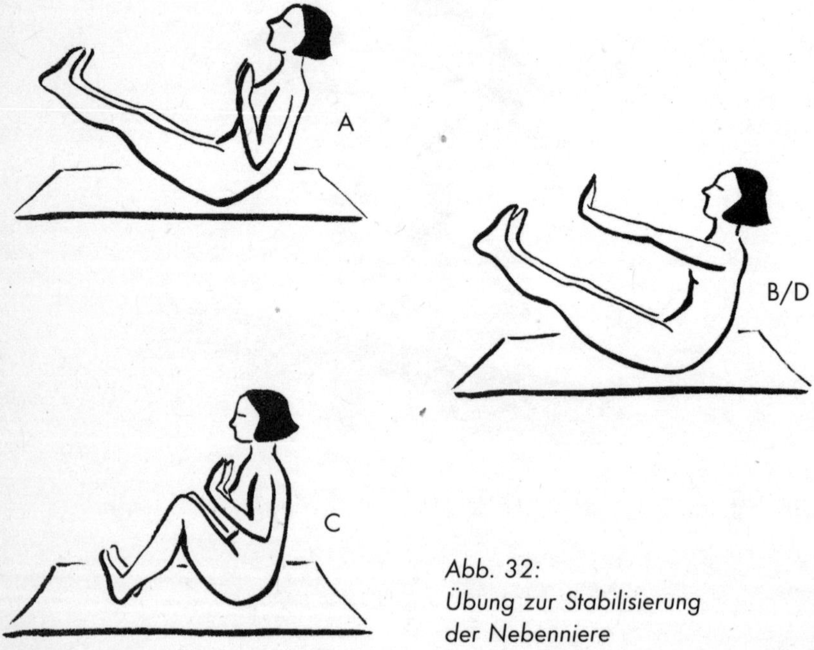

Abb. 32:
Übung zur Stabilisierung der Nebenniere

D: Wiederholen Sie Schritt B, und legen Sie sich wieder flach hin. Machen Sie diese Übung insgesamt viermal am Tag.

Manche werden meinen, diese Übung wie auch die nächste sei »an den Haaren herbeigezogen«, da es doch völlig unmöglich erscheint, daß durch solche Gymnastik Einfluß auf die Haut genommen werden kann. Sie meinen vielleicht, solche Probleme seien nur durch Kosmetik oder z. B. eine Laserbehandlung zu lösen. Diesen Zweiflern sei gesagt, daß Schönheits-Feng-Shui-Übungen auf jahrtausendealten Überlieferungen beruhen, die mit Sicherheit mehr vom Menschen verstehen, als man dies vielleicht wahrhaben möchte. Die eben erwähnte Übung etwa hat eine große yogische Tradition, woraus schon ersichtlich ist, daß es auch um die richtige Atemtechnik geht, denn der Atem beeinflußt die inneren Organe ebenso wie die körperlichen Übungen. Natürlich ist ein Resultat nicht von heute auf morgen zu erwarten, sondern erst durch mehrmonatige oder sogar mehrjährige Anstrengung zu erzielen. Dessen sollte man sich stets bewußt sein, ebenso wie der Tatsache, daß die Übungen mit Sicherheit keine negativen Nebenwirkungen haben werden. Generell sind sie einfach und können überall und jederzeit vollzogen werden. Zögern Sie also nicht!

Abb. 33: Sai Shüe – Weißer als Schnee

Akne

Die Hauptursache dieser Hautkrankheit ist in einer Störung des Hormonsystems zu suchen. Aber auch falsche Ernährung, Streß und psychische Niedergeschlagenheit können zu Akne führen. Folgende Übung kann den Hormonhaushalt wieder ins Gleichgewicht bringen (Abb. 34):

A: Stellen Sie sich mit geöffneten Beinen hin, und verschränken Sie die Finger der ausgestreckten Hände.

B: Atmen Sie ein, heben Sie die Hände über den Kopf. Während Sie nun ausatmen, beschreiben Sie von rechts nach links mit leicht gebücktem Rücken einen Kreis. Verwenden Sie hierzu die Kraft der Taille. Atmen Sie erneut ein, und kehren Sie zur Ausgangsposition zurück, während Sie ausatmen.

Machen Sie diese Übung achtmal.

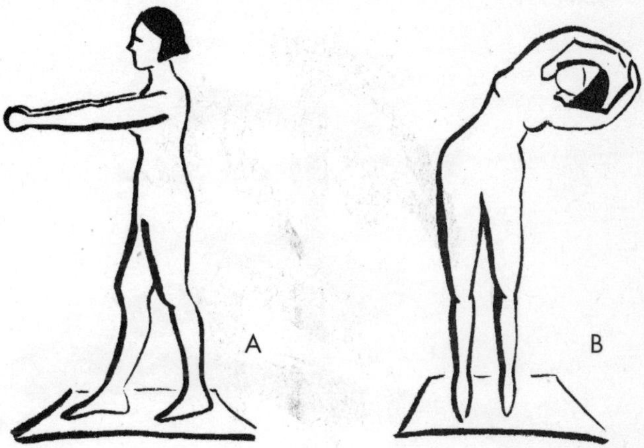

Abb. 34: Übung zur Ausbalancierung des Hormonhaushalts

Abb. 35: Shon Ü – Schöner als Jade

Rauhe Haut

Es gibt viele Faktoren, die eine rauhe Haut hervorrufen können: Sonnenbrand, Fehlernährung, Genußmittelmißbrauch, Streß etc. Die folgende Übung hilft der Haut, besser zu atmen und eine raschere Zellerneuerung zu bewirken (Abb. 36).

A: Legen Sie sich flach auf den Rücken, und ziehen Sie die Beine etwas an. Reiben Sie die Hände, bis sie heiß werden. Legen Sie die Hände auf den Unterbauch. Drücken Sie unter neunmaligem Ausatmen auf diese Stelle.

B: Bilden Sie nun eine Brücke ohne Zuhilfenahme der Hände, wobei Sie darauf achten, daß die Wirbelsäule gerade ist. Atmen Sie dabei ein.

C: Atmen Sie aus, und kehren Sie in die Anfangsposition zurück.

Machen Sie diese Übung viermal, immer ganz langsam und bewußt. Stehen Sie nach der Übung nicht sofort auf, sondern bleiben Sie noch fünf Minuten liegen, und atmen Sie dabei normal. Achten Sie bei Schritt B darauf, daß Sie Hals und Kopf nicht mit Ihrem ganzen Gewicht belasten.

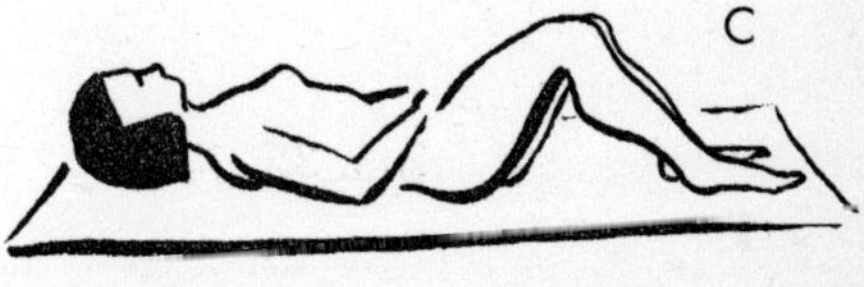

Abb. 36:
Übung zur Zellerneuerung der Haut

Abb. 37: Xe Zou – Sanft wie Seide

Aufgequollenes Gesicht

Hierfür kann die Anwendung von Kortison, Alkoholmißbrauch oder ein Nierenleiden die Ursache sein. In diesen Fällen suchen Sie bitte einen Arzt auf; denn die folgende Übung bezieht sich auf nicht krankheitsbedingte Fälle, die z. B. von fehlendem Schlaf oder zu großer Anstrengung herrühren.

A: Legen Sie sich auf die rechte Seite, wie in Abbildung 38 A gezeigt.

B: Atmen Sie aus, und bringen Sie das linke Bein in einem 90-Grad-Winkel nach vorn (Abb. 38 B)

C: Drehen Sie Ihren Rumpf nun so, daß Sie Ihr Gesicht auf beide Hände stützen können. Blicken Sie geradeaus, und halten Sie diese Position zehn Sekunden lang (Abb. 38 C).

Legen Sie sich nun auf die linke Seite, und wiederholen Sie die Übung. Machen Sie die gesamte Übung viermal.

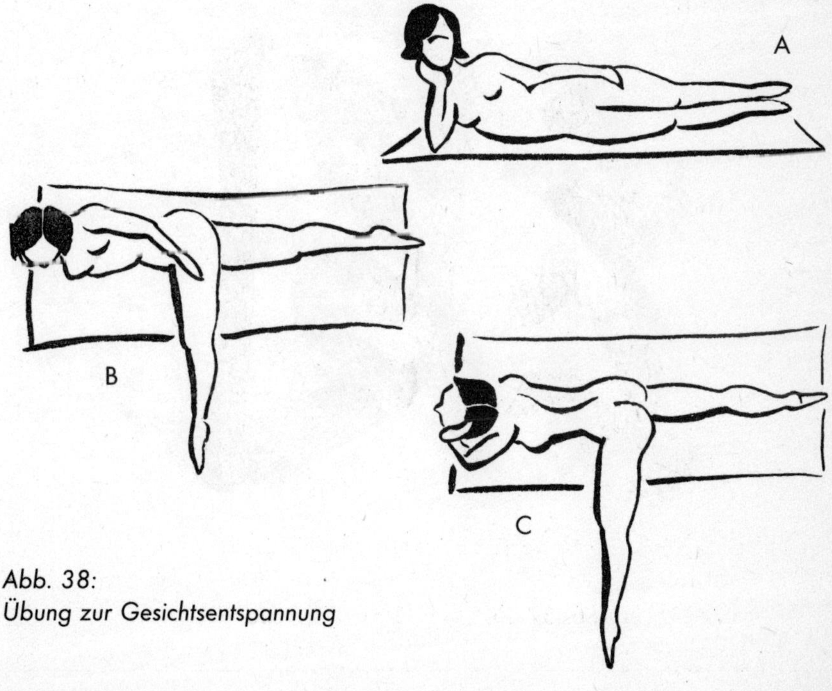

Abb. 38:
Übung zur Gesichtsentspannung

Abb. 39: Hwei Fu – Erholung

Kinnlappen

Kinnlappen treten vor allem im Alter auf, wenn die Haut ihre Stabilität verliert. Manche Menschen lassen sich dann von einem Schönheitschirurgen behandeln. Es gibt aber auch eine Yoga-Übung, die – frühzeitig praktiziert – den Gang zum Chirurgen ersparen kann (Abb. 40).

A: Setzen Sie sich auf Ihre Knie. Entspannen Sie sich, und blicken Sie geradeaus.

B: Schauen Sie nun auf den Boden, und pressen Sie das Kinn dabei auf das Brustbein. Atmen Sie aus, und bewegen Sie den Kopf langsam nach links.

C: Atmen Sie ein, und heben Sie den Kopf langsam nach oben und hinten, bis es nicht mehr weiter geht.

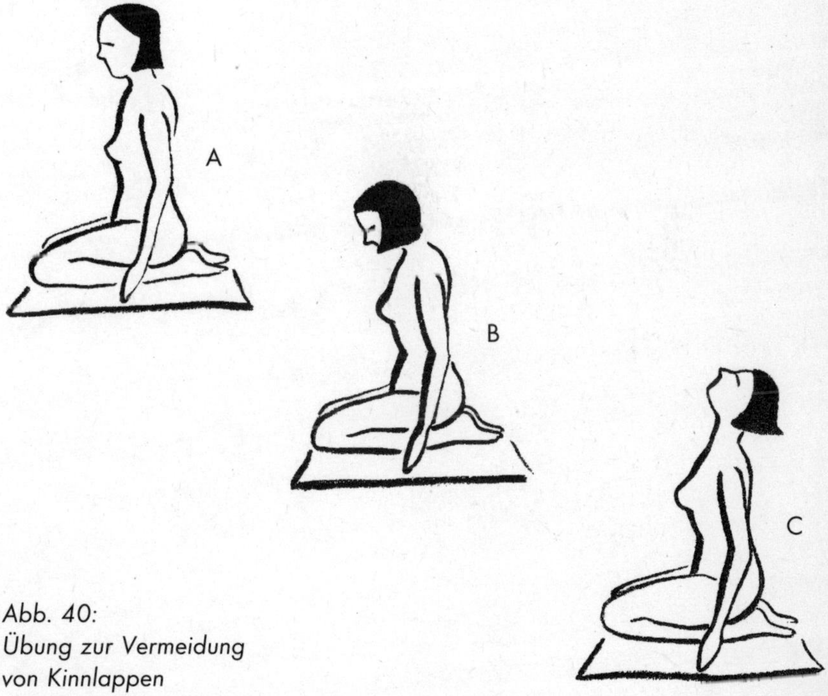

Abb. 40:
Übung zur Vermeidung von Kinnlappen

D: Atmen Sie aus, richten Sie den Kopf wieder gerade, und blicken Sie nach vorn.

E: Bringen Sie das Kinn wieder auf das Brustbein, und atmen Sie neun Sekunden lang nicht. Dann atmen Sie ein und kehren in die Ausgangsposition zurück.

Abb. 40 Übung zur Vermeidung von Kinnlappen

Wiederholen Sie diese Übung in die andere Richtung, und machen Sie sie insgesamt viermal.

Abb. 41: Gu – Stabilität

Menstruationsbeschwerden

Dieses Problem macht sich speziell als PMS (prämenstruelles Syndrom) bemerkbar. Hier liegt eine hormonelle Störung vor, die vom Arzt oder Heilpraktiker behandelt werden muß. Für unseren Bereich sind hauptsächlich jene Bauchbeschwerden maßgeblich, die während der Regel eintreten. Dagegen hilft folgende Übung (Abb. 42).

A: Legen Sie sich auf den Rücken, die Arme pressen Sie neben sich auf den Boden oder die Matratze. Atmen Sie tief ein.

B: Halten Sie nun den Atem an, und heben Sie die Beine im 45-Grad-Winkel.

C: Atmen Sie aus und dann ein, und beschreiben Sie mit den Füßen neunmal einen Kreis rechtsherum.

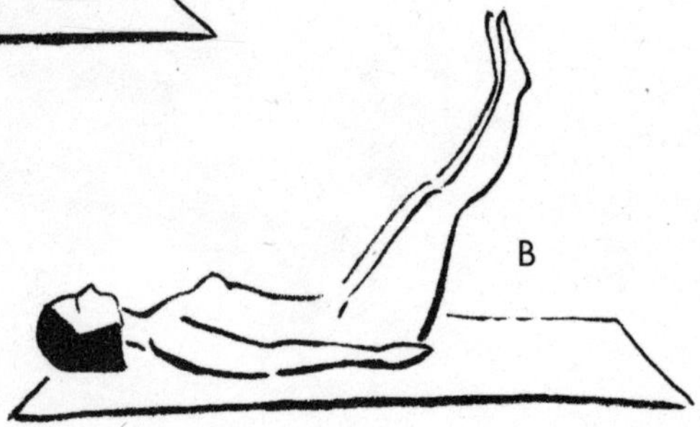

Abb 42: Übung gegen Menstruationsbeschwerden

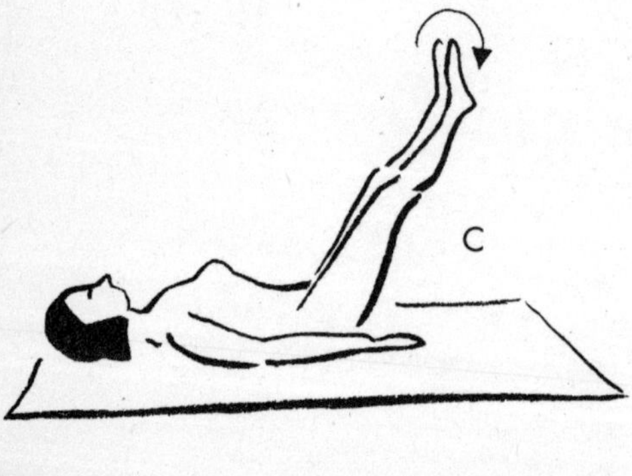

Wiederholen Sie die gesamte Übung (bei C linksherum). Machen Sie dies insgesamt viermal.

Abb. 43: *Tiao Ho – Regelung*

Klimakterische Probleme

Die hormonelle Umstellung während des Klimakteriums kann vielfache Probleme physischer wie psychischer Natur verursachen. Die folgende Übung soll helfen, diese Beschwerden zu lindern, damit Sie sich nach wie vor jung und attraktiv fühlen (Abb. 44).

A: Legen Sie sich flach auf den Rücken. Pressen Sie die Handinnenflächen auf den Boden oder auf die Matratze. Heben Sie das rechte Bein im 90-Grad-Winkel, und halten Sie es gestreckt. Atmen Sie normal.

B: Heben Sie nun das linke Bein auf 30 Grad, und ändern Sie die Position der beiden Beine in rascher Abfolge, insgesamt 36mal. Verwechseln Sie diese Übung nicht mit dem allgemein beliebten »Radfahren«; halten Sie stets die 90- und 30-Grad-Position ein. Die Kraft zum Schwingen der Beine kommt aus Ihrem Bauch.

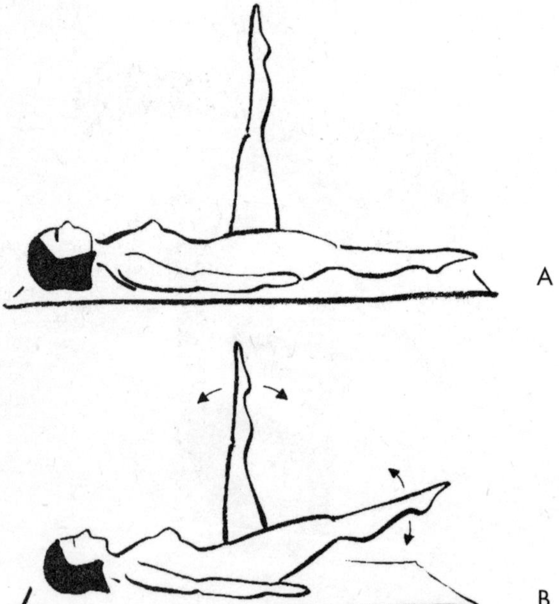

Abb. 44: Übung gegen klimakterische Probleme

Abb. 45: Hwei Zuen – Die Wiederkehr des Frühlings

Augenfältchen

Das Alter bringt uns nicht nur die lange vermißte Weisheit, Bescheidenheit und eine ruhigere Seele, sondern leider auch den Verlust von Haaren, das Phänomen des Schrumpfens durch den Rückgang der Bandscheiben und Falten, besonders an den Augen, die selbst wiederum an Glanz verlieren. Die erste Übung hilft, den Glanz wieder zurückzugewinnen, die zweite ist dafür geeignet, Faltenbildung zu vermeiden.

1. Übung

Stellen Sie sich locker hin, die Beine sind etwas geöffnet. Reiben Sie die Hände, bis sie heiß werden. Legen Sie nun die linke Hand auf das linke Auge, und blicken Sie mit dem rechten so schnell wie möglich im Wechsel sechsmal nach oben und sechsmal nach unten; danach sechsmal nach links und im Wechsel sechsmal nach rechts. Danach versuchen Sie dies zwölfmal in der Diagonale (von rechts oben nach links unten zuerst, dann in umgekehrter Richtung). Schließlich lassen Sie noch jeweils sechsmal das Auge kreisen (zuerst von rechts nach links, dann von links nach rechts). Reiben Sie erneut die Hände, bis sie heiß werden, legen Sie die rechte Hand auf das rechte Auge, und wiederholen Sie die Übung.

2. Übung

Drücken Sie mit den Mittelfingern die Akupressurpunkte an den in Abbildung 46 A bezeichneten Stellen. Atmen Sie währenddessen vollständig aus. Dann entfernen Sie ruckartig die Hände von den Akupressurpunkten und atmen so tief wie möglich ein. Machen Sie dies insgesamt sechsmal.

A

Danach drücken Sie unter Verwendung derselben Methode die in Abbildung 46 B bezeichneten Stellen.

B

Dasselbe tun Sie mit den in Abbildung 46 C bezeichneten Stellen. Reiben Sie nun die Hände, bis sie heiß sind, und legen Sie sie 30 Sekunden lang auf die Augen.

C

Abb. 46: Akupressurübungen gegen Augenfältchen

Abb. 47: Min Lian – Glanz

Verstopfung, Appetitlosigkeit, kalte Hände und Füße

Auf den ersten Blick scheinen diese drei Symptome nichts miteinander zu tun zu haben. Dennoch weiß die taoistische Medizin, daß es im Körper drei wichtige Meridianpunkte gibt, die die erwähnten Symptome positiv zu beeinflussen vermögen. Man aktiviert sie auf folgende Weise:

A: Setzen Sie sich auf Ihre Knie, so daß Ihr Gesäß die Fersen berührt. Halten Sie den Rücken gerade, und spannen Sie die Aftermuskeln an. Atmen Sie ein, reiben Sie die Hände, bis sie heiß sind, und legen Sie sie auf die in Abbildung 48 A angezeigten Punkte (ca. acht Zentimeter über dem Steißbein). Reiben Sie mit den Händen diese Stellen so lange, bis sie heiß sind, und atmen Sie dabei aus.

B: Die zweite Übung zeigt den Meridianpunkt, der an der Kreuzung von Wirbelsäule und Taille liegt. Stimulieren Sie diesen Punkt genauso, wie Sie es mit den beiden anderen getan haben.

Beide Übungen sollten jeweils viermal ausgeführt werden.

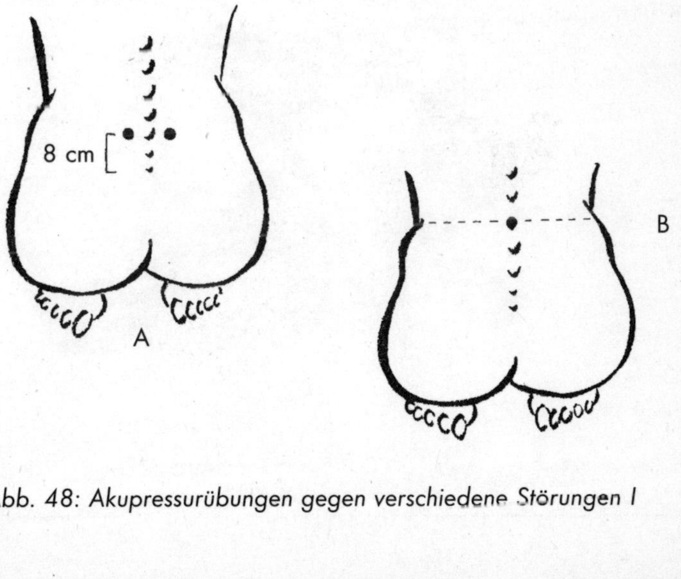

Abb. 48: Akupressurübungen gegen verschiedene Störungen I

Abb. 49: Shün Hwan – Kreislauf

Lendenschmerzen, Blähungen, geschwollene Füße

Wie im vorangegangenen Abschnitt schon angedeutet, liegt das Geheimnis der Heilung durch Akupunktur oder Akupressur im Wissen um die Lokalisierung der jeweiligen Meridianpunkte, die nicht notwendigerweise dort sein müssen, wo der Schmerz oder die Beschwerden auftreten. Seien Sie also nicht erstaunt, wenn die folgenden Übungen Punkte zeigen, die vom verursachenden Problem weit entfernt zu liegen scheinen. Um die drei oben erwähnten Beschwerden zu behandeln, sollten Sie folgendes tun:

Stellen Sie sich locker mit geschlossenen Beinen hin, und reiben Sie die Hände, bis sie heiß sind. Atmen Sie dabei ein, und massieren Sie die in Abbildung 50 A gezeigten Stellen, währenddessen Sie ausatmen. Machen Sie dies insgesamt viermal. Wiederholen Sie die Übung mit den unter 50 B und C gezeigten Punkten.

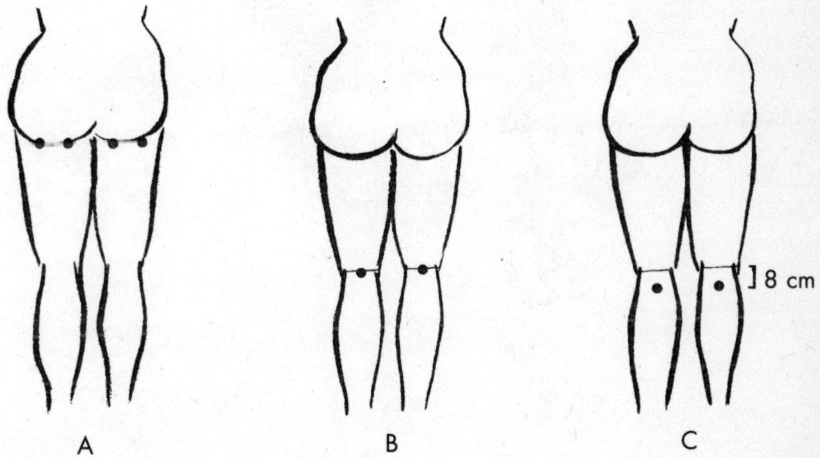

Abb. 50: Akupressurübungen gegen verschiedene Störungen II

Abb. 51: Chang – Stärke

Der Weg zur inneren Schönheit

Es wurde bereits erwähnt, daß die äußere Erscheinung lediglich ein Spiegelbild der inneren Haltung ist. Will man also äußerlich schön sein, sollte man es möglichst nicht versäumen, schon frühzeitig an der inneren Schönheit zu arbeiten. Die Beschäftigung mit dem poetischen und philosophischen Gedankengut der verschiedenen Kulturen ist ein Weg dazu. Ein anderer besteht in der Ausübung von Musik oder bildender Kunst, ein dritter in karitativer Nächstenliebe. All diese Wege haben aber noch mit Äußerem zu tun; wirklicher Rückzug auf und in sich selbst findet jedoch hauptsächlich durch innere Versenkung statt. Wie diese vor sich geht und wie man durch sie an Schönheit gewinnen kann, sollen die nächsten Abschnitte verdeutlichen.

Abb. 52: Gin Zuo – Innere Versenkung

Meditation: Die Kunst des Rückzugs nach innen

Um die Meditation in ihrer gesamten Tragweite zu verstehen, muß man wissen, daß es sich dabei nicht (nur) um körperliche Übungen handelt, die den westlichen Menschen zuweilen etwas fremd anmuten mögen. Meditation bedeutet also nicht, einfach nur dazusitzen und nichts zu tun, im Gegenteil: Während der Meditation läuft ein innerer Prozeß ab, der unsere Gedanken, unsere körperlichen Abläufe und unsere Gefühle miteinander verbindet, damit wir unser inneres Selbst, Harmonie und Glückseligkeit erreichen. Der nächste Schritt besteht darin, durch die fortgeschrittene innere Versenkung das Geheimnis von Leben und Sterben zu verstehen und alle Furcht abzulegen: Wer aber keine Furcht mehr kennt, muß sich nicht mehr verstellen. Er ist genuin, in sich ruhend, stark – und deshalb schön.
Seit alters her gibt es unzählige Methoden des Rückzugs nach innen. Eine äußerst effektive ist dabei jene, die hier vorgestellt werden soll. Folgende Voraussetzungen sind nötig, um mit der richtigen Geistes- und Körperhaltung in die Meditation einzutreten:

- Suchen Sie einen sauberen und ruhigen Platz in Ihrer Wohnung/ Ihrem Haus auf, an dem Sie sich besonders wohl fühlen.
- Waschen Sie Ihre Hände und Ihr Gesicht (dies hat symbolische Bedeutung: Sie reinigen sich).
- Ziehen Sie sich möglichst bequeme, nicht synthetische Kleidung an. Legen Sie die Schuhe ab.
- Lassen Sie sich auf einem möglichst bequemen Kissen nieder, auf dem Sie problemlos längere Zeit sitzen können. Es ist nicht nötig, daß Sie die Lotussitzhaltung einnehmen, Sie können auch im Schneidersitz Platz nehmen.
- Neigen Sie den Kopf leicht nach unten, und schließen Sie die Augen.
- Entspannen Sie die Schultern.
- Formen Sie die Hände zu Schalen, und legen Sie sie etwas unterhalb des Nabels übereinander, ohne daß sie sich berühren.
- Atmen Sie nur durch die Nase.
- Atmen Sie nun alles Schlechte (Gedanken, Gefühle, Energien etc.) auf einmal vollständig aus.

- Atmen Sie darauf alles Gute ganz langsam ein.
- Atmen Sie wieder aus und wieder ein etc. Atmen Sie möglichst geräuschlos und möglichst langsam.
- Nun ist Ihr Atem selbstverständlich geworden und ist mit Ihnen vereint.
- Versuchen Sie, mit dem Denken aufzuhören. Das ist zwar das Allerschwierigste, vor allem weil sich immer wieder Gedankenfetzen »zu Wort melden«, aber es lohnt sich, es zumindest zu probieren. Das Ziel der Übung besteht darin, »leer« zu werden. Wenn Sie sich allein auf das Atmen konzentrieren, wird es Ihnen leichter fallen, sich von Ihrem Denken zu lösen.

  Wenn Ihnen dies nicht möglich ist, dann verwenden Sie folgendes Hilfsmittel: Suchen Sie sich entweder ein Wort positiven Inhalts (z. B. »Sonnenlicht«, »Glück« etc.), und sprechen Sie es in Gedanken oder laut vor sich hin; oder wählen Sie einen der folgenden buddhistischen Meditationstexte:

- *Nan Mu*
  »Größe« (Abb. 53)
- *Nan Mu Mo Ho Pan Lo Po Luo Mi*
  »Große Weisheit, die andere Seite* zu erreichen« (Abb. 54)
- *An Wu Loen Ni Sa Po Ho*
  »Herz, das nicht zerbrechen kann« (Abb. 55)
- *An Sho Do Li Sho Do Li Sho Mo Li Sho Mo Li Sa Po Ho*
  »Körper ohne Schmerz, ohne Makel, ohne Not, ohne Pein« (Abb. 56)
- *An Sho Li Sho Li Mo Ho Sho Li*
  »Worte ohne Niedertracht, ohne Häme, ohne Ignoranz« (Abb. 57)
- *An Fu Ze Luo Do No Ho Hu*
  »Gedanken ohne Haß, ohne Angst« (Abb. 58)

---

* »Die andere Seite« bedeutet im Buddhismus jene Welt, die Buddha bei seinem »Erwachen« sah, eine Welt ohne Leid.

Abb. 53: Nan Mu – Größe

Abb. 54: Nan Mu Mo Ho Pan Lo Po Luo Mi –
Große Weisheit, die andere Seite zu erreichen

Abb. 55: An Wu Loen Ni Sa Po Ho –
Herz, das nicht zerbrechen kann

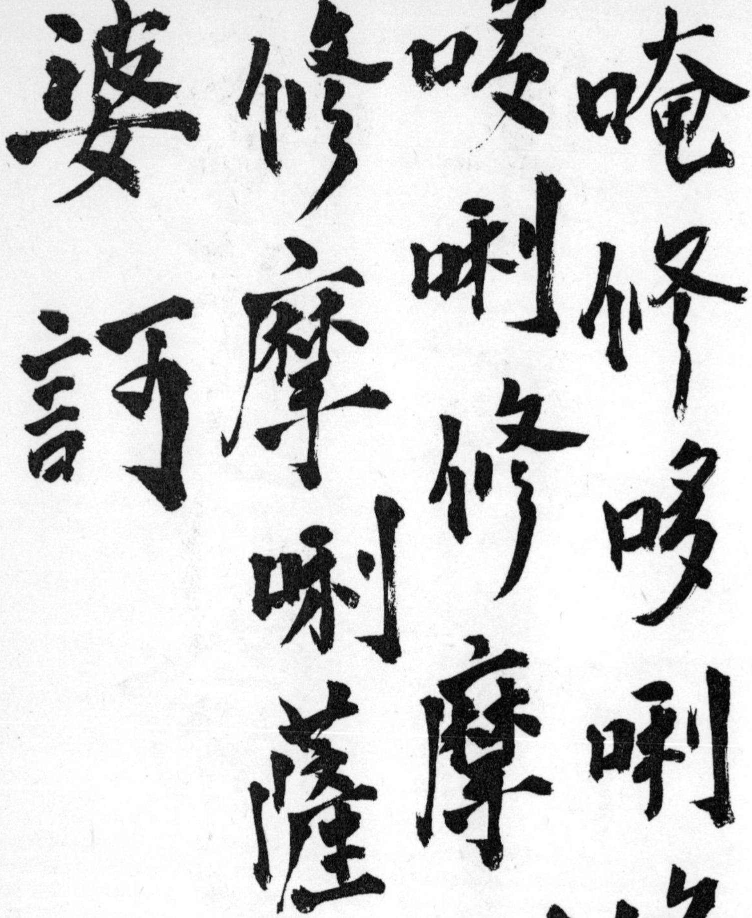

Abb. 56: An Sho Do Li Sho Do Li Sho Mo Li Sho Mo Li Sa Po Ho – Körper ohne Schmerz, ohne Makel, ohne Not, ohne Pein

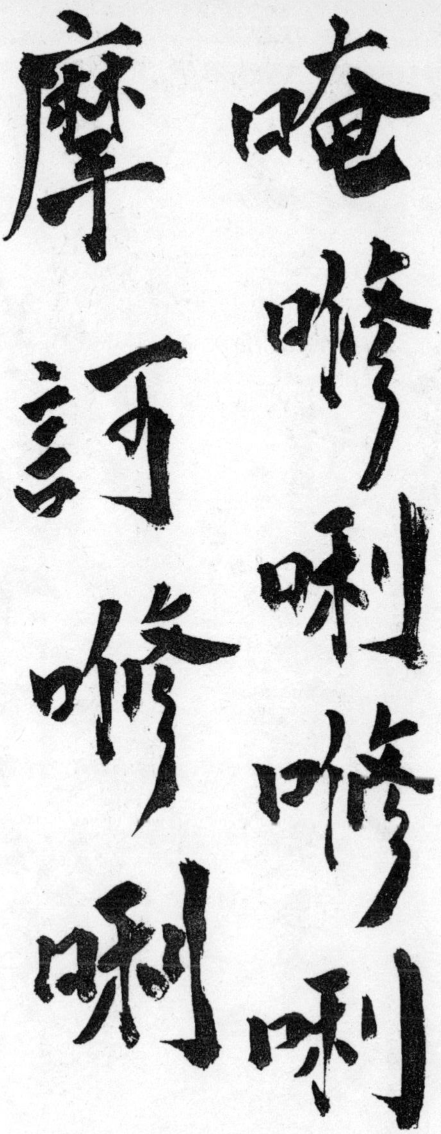

*Abb. 57: An Sho Li Sho Li Mo Ho Sho Li –
Worte ohne Niedertracht, ohne Häme, ohne Ignoranz*

*Abb. 58: An Fu Ze Luo Do No Ho Hu –
Gedanken ohne Haß, ohne Angst*

Wiederholen Sie die Texte dann so oft, daß das letzte und das erste Wort eins werden. Durch den Rhythmus werden Sie zu einer Melodie gelangen, die es Ihnen erleichtert, den Text zu verinnerlichen. Sie lernen nun, Ihre Gefühle, Ihr Bewußtsein und Ihre Gedanken zu vergessen.
Konzentrieren Sie sich so auf diese Texte, daß sich Ihr Atem und die Worte miteinander verbinden, bis beides für sich selbst nicht mehr besteht. In diesem Zustand sollte auch Ihre Umgebung für Sie nicht mehr direkt wahrnehmbar sein.
Dies ist nur der Beginn der Meditation. Sie stehen gewissermaßen noch in der Eingangshalle und müssen weitere Räume durchschreiten, bis Sie zum Allerheiligsten gelangen.
Um zum inneren Bereich des Meditationstempels vorzudringen, ist es nötig, regelmäßig zu meditieren (anfangs z. B. jeden Tag zehn Minuten). Mit fortschreitender Praxis sollten Sie Ihre Meditationszeit ausdehnen (bis z. B. 60 Minuten am Tag). Ihre Fähigkeit, die Gedanken fernzuhalten und »leer« zu werden, sollte sich dann ebenfalls verbessert haben.

Während der inneren Versenkung kann es geschehen, daß sich innere Bilder einfinden, z. B. ein goldenes oder ein weißes Licht oder eine positive Welt, die Sie nur noch nie gesehen haben. Dies sind »gute« Bilder. Es gibt aber auch »schlechte«, wie z. B. Geister und Dämonen, die aus Ihrem Unterbewußtsein aufsteigen. Zusätzlich können auch Gegenstände des Alltags vor Ihrem inneren Auge auftreten, wie z. B. ein Besen, eine Lampe, ein Einkaufswagen etc. All diese Bilder entspringen den Tiefengründen unserer Seele und treten deshalb plötzlich hervor, weil wir durch die beginnende innere Versenkung nicht mehr in der Lage sind, sie zu unterdrücken.
Was ist zu tun? Einerseits wollen wir leer werden, andererseits tauchen immer neue Bilder auf. Die Antwort kann nur lauten: Da der Bildervorrat unerschöpflich ist, wird es nötig sein, ihm Einhalt zu gebieten (ansonsten kann es sogar geschehen, daß man sich vollständig in ihm verliert). Dies kann nur gelingen, indem man die Meditationstexte immer wieder laut vor sich hin spricht.
Im nächsten Raum der Meditationshalle lernen Sie das Chi kennen. Es ist nach chinesischem Verständnis die Lebenskraft, die Quelle allen Seins. Es ist überall, aber nicht sichtbar; es ist endlos wirksam, wird aber selbst nicht bewirkt. Es ist das, was man als »Atem des Lebens« bezeichnen könnte. Im Buddhismus ist das Chi das »Allernatürlichste«. Es begegnet einem, wohin man auch blickt – innen und außen.

Für uns ist es nun wichtig, die Meditation mit dem Chi zu verbinden. Dies gelingt auf folgende Weise:

- Nehmen Sie Ihre Meditationshaltung ein.
- Konzentrieren Sie sich auf Ihren Chi-Punkt (»das dritte Auge«: Sie finden es dort, wo sich Nasenbein und Augenbrauen kreuzen).
- Nun konzentrieren Sie sich auf Ihr Scheitelchakra (Chakras sind Pforten der Energie, die sich vom Steißbein bis zum Scheitel finden; durch sie fließt das Chi und versorgt uns mit Lebenskraft; Abb. 59)

Abb. 59: Chi-Meditation

- Sodann richten Sie Ihre Konzentration auf Ihr Kehlchakra, danach auf das der Taille, schließlich auf des Steißbeins und auf das Sexualchakra; dessen Sitz ist dort, wo die sexuelle Energie darauf wartet, erweckt zu werden.
- Konzentrieren Sie sich anschließend auf das Nabelchakra, dann auf das der Brust und wieder auf den Chi-Punkt und das Scheitelchakra.

Bringen Sie das Chi von Chakra zu Chakra. Verweilen Sie bei jedem einzelnen so lange, bis Sie das Chi fühlen können (meist gleicht es einer Erwärmung). Entscheiden Sie selbst, wann Sie zum nächsten Chakra übergehen. Ziel sollte sein, alle Energiepunkte zu »öffnen«, um (auch) das gewünschte Schönheitsergebnis zu erreichen, das nunmehr nicht nur ein äußeres ist, sondern auch ein inneres. Durch die Meditation sind Sie nämlich ein anderer Mensch geworden und haben Ihr Inneres schöner gemacht.

Abb. 60: Fo – Buddhaschaft

Imagination: Wie man die eigene Vorstellungskraft nutzt

Die Gabe der Vorstellung ist oftmals kraftvoller, als man denken mag. Alle Völker, alle Kulturen, alle Menschen nutzten und nutzen die Kunst der Imagination, wann immer sie etwas haben oder erreichen möchten, das gegenwärtig, aber noch fern ist. Im täglichen Leben geschieht dies meist unbewußt. Es existieren jedoch in sämtlichen geistigen Traditionen Möglichkeiten, allein durch die Kraft der Gedanken Veränderungen herbeizuführen. Leider kann diese Macht auch negativ eingesetzt werden, was jedoch immer auf den Urheber zurückfällt. Für eine Steigerung der Schönheit ist es nötig, zu erfahren, welche Techniken es herbeiführen können, das Innere so positiv zu beeinflussen, daß es ebensolche positiven Wirkungen im Außen zeigt. Speziell »Schönheitsdefekte« können durch Imagination behoben werden, was aber ein geduldiges Training im intensiven Fokussieren voraussetzt.
Wie also geht es vor sich, wenn Sie Ihren Schönheitstraum in die Welt der Wirklichkeit holen? Natürlich müssen Sie sich in Disziplin üben: Sie können z. B. nicht eine schlanke Taille imaginieren und gleichzeitig fett und süß essen. Zusätzlich sind die körperlichen und meditativen Übungen, so wie sie bisher beschrieben wurden, auszuführen. Ein Beispiel:

Sie halten Ihre Brüste für zu klein und würden sich bedeutend besser und schöner fühlen, wenn Ihr Brustumfang nur ein, zwei Zentimeter größer wäre. Um dieses Ergebnis ohne Silikon zu erreichen, widmen Sie sich folgender Übung:

- Beginnen und beenden Sie jeden Tag damit, sich fünf Minuten lang Ihre Wunschbrüste vorzustellen.
- Während dieser Imagination sprechen Sie immer wieder im stillen die Worte: »Wachsen, wachsen, wachsen ...«
  (Wissenschaftliche Untersuchungen haben ergeben, daß diese Methode tatsächlich – auch wenn manche dies nicht glauben wollen – zum Erfolg führt: Wahrscheinlich liegt es daran, daß der Geist in der

Lage ist, dem Körper Befehle zu erteilen; auf diese Weise können vermutlich auch Krankheiten beeinflußt werden.)

- Zusätzlich empfiehlt es sich natürlich, körperliche Übungen zu machen, um das gewünschte Resultat zu erzielen. Für das Beispiel nutzen Sie die dritte Übung im Kapitel über die Brüste (S. 28).
- Außerdem können Sie sich in der Kunst der Gedankenübertragung üben. Versuchen Sie, Ihre Umgebung so zu beeinflussen, daß diese Menschen das von Ihnen denken, was *Sie* möchten. Aber übertreiben Sie es nicht, sonst tritt womöglich noch das Gegenteil ein!

Abb. 61: *Shian Shien Li – Die Kraft der Vorstellung*

Visualisierung: Die Fülle der inneren Bilder

Was Sie im vorangegangenen Kapitel erfahren haben, war die Basis für das, was Sie nun im einzelnen unternehmen können, um Ihr Äußeres von innen her positiv zu gestalten. Wir wollen diese Kunst Visualisierung nennen, da Sie das erhoffte Ergebnis nun nicht mehr nur imaginieren, sondern jetzt auch in der Lage sind, aus der Fülle der inneren Bilder, die sich Ihnen zeigen, zielsicher die richtigen auszuwählen, damit Sie Ihre vorangegangene Vorstellung nicht eines Tages bereuen. Mit anderen Worten: Visualisierung ist die verfeinerte Imagination, da es durchaus möglich ist, daß Sie sich bei der Imagination selbst »an der Nase herumführen«. Als Beispiel sollen wieder die Brüste dienen.

- Sie stellen sich Ihre Wunsch-Brust vor. Wie aber können Sie sicher sein, daß sie die richtige ist und nicht nur dem Speicher des Unterbewußtseins entstammt, der alle Bilder von Brüsten, die Sie bisher gesehen haben, aufbewahrt?
- Sie finden das, was Sie für richtig halten, dann, wenn Sie es mit dem, was Sie noch zusätzlich haben, in Einklang bringen können.

Zur Erklärung: Es geht nicht darum, daß z. B. Ihre Brust so groß oder so klein ist, wie Sie es gern hätten, sondern darum, daß *alles* in einem ausgewogenen Verhältnis zueinander steht. Denn Schönheit besteht nicht aus Perfektion, sondern aus Proportion.
Wenn Sie also einen Körperteil – welchen Sie wollen – visualisieren, dürfen Sie dabei nicht vergessen, daß Sie über einen Körper verfügen, dem es möglicherweise lieber ist, so zu bleiben, wie er ist. Erforschen Sie also auch, was Ihr *Körper* will! Und vergessen Sie nicht: Die Welt ist durch ihre Vielfalt schön, nicht durch ihre Vollendung. Vielfalt ermöglicht Leben, Vollendung hat kein Ziel mehr.

Abb. 62: *Du Lian – Das rechte Maß*

Gewohnheiten: Wie aus einem Wassertropfen ein Fluß wird

Laotse sagt: »Das Weichste in der Welt siegt über das Härteste; das Nichtstoffliche durchdringt das undurchlässig Feste.« Was der chinesische Weise hier umschreibt, ist nichts anderes als das Wasser, dessen Kraft auch eine deutsche Redensart wiedergibt, wenn es heißt: »Steter Tropfen höhlt den Stein.« Dieses Naturgesetz läßt sich ohne weiteres auf unser Leben übertragen: Es sind nämlich unsere guten und schlechten Gewohnheiten, die unsere Persönlichkeit, unsere Gesundheit, unsere Schönheit und unseren Erfolg beeinflussen. Unglücklicherweise nehmen wir aber selten wahr, wie vor allem die schlechten Gewohnheiten uns nach und nach vollständig in Besitz nehmen. Hier zehn verbreitete Beispiele:

- die Zigarette nach dem Aufstehen
- Arbeitsbeginn ohne Frühstück
- Süßigkeiten als Zwischenmahlzeit
- kaltes Essen
- zuckerhaltige Getränke (besonders im Sommer)
- ein Gemisch von Süßem und Salzigem, Warmem und Kaltem
- Alkoholika als Entspannungsmittel
- zu schnelles Essen
- Alkohol- und Nikotinmißbrauch
- Fernsehen während des Essens

Und schließlich gibt es Übungen, die – täglich, wöchentlich, monatlich und jährlich vollzogen – ebenso in der Lage sind, einen innerlich und äußerlich schönen Menschen zu schaffen.

Übungen (einmal am Tag zu machen)

1. Fünf Minuten meditieren.
2. Mindestens ein Kapitel eines Buches lesen.
3. Eine gute Tat begehen.
4. Jemanden loben (auch ein Tier).

Abb. 63: *Di Shui Zwan She – Steter Tropfen höhlt den Stein*

5. Dreißig Minuten lang schnell spazierengehen.
6. Zu Hause Ordnung schaffen.
7. Das bedenken, was man getan hat.

Übungen (einmal in der Woche zu machen)

1. Intensiven Kontakt mit der Natur pflegen.
2. Das Zuhause reinigen.
3. Früh zu Bett gehen.
4. Das bedenken, was man getan hat.

Übungen (einmal im Monat zu machen)

1. Fasten (siehe auch »Die richtige Ernährung«, S. 112 ff.).
2. Aufs Land fahren.
3. Einen Gegenstand weniger kaufen.
4. Auf das Auto verzichten.
5. Etwas spenden.
6. Die Eltern besuchen.
7. Lange meditieren.
8. Eine kulturelle Veranstaltung besuchen.
9. (Den) Kindern etwas Besonderes bieten.
10. Dem am meisten geliebten Menschen ein Geschenk machen.
11. Dem am wenigsten geliebten Menschen ein Geschenk machen.
12. Das bedenken, was man getan hat.

Die Kalligraphie von Abb. 64 spricht davon, daß es weise ist, seine guten Gewohnheiten so zu verinnerlichen, daß man sie als selbstverständlich empfindet. Dazu gehört auch die Prophylaxe gegen die Zivilisationskrankheit Nr. 1, die in entscheidendem Maße dazu beiträgt, die Gesundheit und somit die Schönheit zu schädigen: Die Rede ist vom Streß. Hier nun vier Übungen, die dazu beitragen, Streßsymptome zu lindern:

Abb. 64: *Shi Guan Chong Tse Zian – Von der Gewohnheit zur Selbstverständlichkeit*

1. Übung

Nehmen Sie täglich ein fünfminütiges heißes Fußbad vor dem Zubettgehen. Das hilft Ihnen, leichter einzuschlafen, so daß Sie nicht stundenlang wachliegen und Probleme wälzen.

2. Übung

Drücken Sie – wenn Sie sich besonders ausgepowert fühlen – mit den drei ersten Fingern beider Hände die in Abb. 65 markierten Akupressurpunkte an beiden Ohren gleichzeitig.

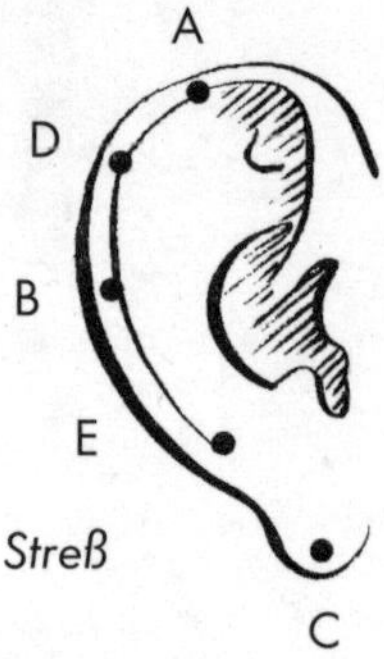

Abb. 65: Akupressurübung gegen Streß

Gehen Sie dabei folgendermaßen vor:

Drücken Sie zuerst die Punkte A, B und C so lange, bis sie heiß werden. Danach massieren Sie diese Punkte in der Reihenfolge A, B, C jeweils neun Sekunden lang. »Falten« Sie nun die Ohren: Biegen Sie A nach unten, C nach oben und B nach innen. Sodann drücken Sie die Handinnenflächen an die Ohren und drehen die Hände neunmal nach vorn und neunmal nach links. Schließlich massieren Sie die Punkte in der Reihenfolge C, E, B, D, A.

3. Übung

Massieren Sie viermal mit Daumen und Zeigefinger der rechten Hand die weiche Stelle zwischen Daumen und Zeigefinger der linken Hand, und arbeiten Sie sich von dort bis zur Daumenspitze vor (alles zusammen 36 Sekunden lang). Vollziehen Sie diese Übung an und mit der jeweils anderen Hand.
Drücken Sie viermal mit dem Daumen und dem Zeigefinger die Stelle hinter dem Gelenk des kleinen Fingers, und arbeiten Sie sich von dort bis zur Fingerkuppe vor (alles zusammen 36 Sekunden). Machen Sie diese Übung auch an und mit der jeweils anderen Hand.

Abb. 66: Nei Tsai Mei – Innere Schönheit

Reiben Sie sodann die Hände, bis sie heiß sind; falten Sie sie, und öffnen Sie sie sogleich wieder. Wiederholen Sie dies dreimal.

4. Übung

Drücken Sie mit beiden Mittelfingern von der Nasenspitze aufwärts bis zum Haaransatz. Bleiben Sie mit den Fingern dort, spreizen Sie die Daumen, und drücken Sie diese – am Nasenbein beginnend – unter die Augenbrauen bis hin zur Schläfe. Reiben Sie die Hände, bis sie heiß werden, und legen Sie sie 36 Sekunden lang auf die Augen.

Je mehr Sie nun die Wassertropfen der Gewohnheiten zu einem Fluß der täglichen Routine werden lassen, um so mehr werden Sie merken, wie sehr sich Ihre neuerworbene innere Schönheit verselbständigt und sich bereits anschickt, auch von außen bemerkt zu werden ...

Die Harmonie von äußerer und innerer Schönheit

Alles strebt nach dem Schönen. Daß es aber oftmals weniger »schön« ausfällt, ist kein Widerspruch, sondern liegt in den verschiedenen Geschmacksrichtungen begründet. Nun würde aber mit Sicherheit niemand behaupten, er habe einen schlechten Geschmack. Jeder hält eben den seinen für gut! Offenbar ist die Natur bestrebt, sich nicht durch eventuelle objektive Maßstäbe selbst Grenzen zu setzen.
Wir haben festgestellt, daß Schönheit mehr ist als eben nur »Schönheit«. Im folgenden gilt es zu zeigen, wie es möglich ist, diese Schönheit sowohl äußerlich als auch innerlich zu erhalten. Die Basis dafür bildet die taoistische Yin-Yang-Lehre. Yin steht dabei für das Weibliche und alles, was damit assoziiert wird, Yang ist ein Symbol für das Männliche und alles dazu Gehörende. Damit Gesundheit und Schönheit vorherrschen können, müssen sich Yin und Yang stets in Balance und Harmonie befinden.
Durch nichts ist diese Harmonie besser darstellbar als durch das uralte Yin-Yang-Symbol: In ihm sind Außen und Innen so miteinander verbunden, daß sie eine unaufhörliche Einheit ergeben – was auch für unsere Überlegungen gilt.

Abb. 67: Yin-Yang-Symbol

Abb. 68: Yin und Yang

Die Tiefenreinigung: Alles wächst im Unsichtbaren

Jeder weiß, daß die tägliche Reinigung für Schönheit und Gesundheit unerläßlich ist. Hier freilich ist weder Zahnbürste noch Waschlappen gemeint, sondern jene Reinigung, die sich auf das Innere des Menschen bezieht.

Schon im ersten Kapitel des ältesten chinesischen medizinischen Buches steht: »Wer lange leben möchte, muß seinen Darm reinhalten.« Auch bei den indischen Yogis ist die tägliche Darmreinigung oberstes Gebot: Sie ist für eine reine Haut, angenehmen Körpergeruch und eine stabile Gesundheit ausschlaggebend, da sie die Gase, die sich nachts im Darm bilden, bekämpft. Suchen Sie also vor dem Zubettgehen die Toilette auf, um möglichst viel des Darminhalts auszuscheiden; auf diese Weise werden Sie einen Großteil der Schadstoffe und Schlacken los. Da aber noch immer genügend Schädliches im Darm zurückgeblieben ist, muß man das Darmende einer Wasserspülung unterziehen – auch deshalb übrigens, weil die modernen Toiletten zwar bequem, aber keineswegs anatomisch konstruiert sind. Sie bewirken nämlich, daß die Därme so intensiv zusammengepreßt werden, daß niemals der gesamte Inhalt zu entweichen vermag. Die antiken Toiletten dagegen waren so gebaut, daß man in die Knie gehen mußte, um in hockender Stellung sein Geschäft zu verrichten. Dabei blieb die Wirbelsäule gerade, und der Darm konnte sich völlig entspannt seines Inhalts entledigen. Heute hilft uns die Darmspülung, dieselbe Wirkung zu erzielen: Sie ist dazu in der Lage, viele Störungen zu beseitigen bzw. zu vermeiden, wie z. B. Mundgeruch, durch Gase hervorgerufene Haltungsschäden, Magenkrankheiten, Verdauungsprobleme, Hautunreinheiten und Schlafschwierigkeiten.

Um sich ein besseres Bild von diesem Sachverhalt machen zu können, sei ein Vergleich erlaubt: Stellen Sie sich vor, Sie würden jeden Tag Ihren Mülleimer ausleeren, tun dies aber nicht vollständig, sondern so, daß immer etwas vom Inhalt zurückbleibt; und das Tag für Tag, Woche um Woche. Können Sie sich vorstellen, was in Ihrem Mülleimer »los ist«? Alles wächst im Unsichtbaren.

Folgende Übung hilft Ihnen, Ihren »Mülleimer« ganz zu leeren:

A: Konzentrieren Sie sich beim Stuhlgang ausschließlich auf Ihr »Geschäft«. Lesen Sie nicht, oder lenken Sie sich nicht anderweitig ab. Schließen Sie – wenn Sie wollen – die Augen.

B: Sind Sie mit Ihrem »Geschäft« fertig, so verwenden Sie kein Toilettenpapier, sondern begeben Sie sich direkt unter die Dusche.

C: Beugen Sie die Knie, spreizen Sie die Beine, und führen Sie die Brause zum After. Versuchen Sie, den Schließmuskel zu öffnen und einen starken Wasserstrahl einzulassen. Schließen Sie den Muskel, und öffnen Sie ihn wieder im rhythmischen Wechsel. Die ganze Prozedur sollte ca. drei Minuten dauern, damit der Darm das Wasser aufnehmen kann.

D: Verlassen Sie die Dusche, und ziehen Sie sich an.

E: Nach ca. fünf bis 30 Minuten werden Sie im Darm ein Gluckern verspüren. Sie haben auch das Gefühl, die Toilette aufsuchen zu müssen. Tun Sie dies, und scheiden Sie zusammen mit dem Wasser den Rest des Darminhalts aus.

F: Begeben Sie sich wieder kurz in die Dusche, und reinigen Sie den After (anstelle von Toilettenpapier).

Die meisten werden diese Übung für sonderbar, zeitraubend und unpraktisch halten. Aus diesem Grund ist es auch ratsam, sie abends durchzuführen, da Sie dann über mehr Zeit verfügen.

Zusätzlich zur täglichen Darmreinigung können Sie Ihre Haut und Ihre Gesamtkonstitution erheblich verbessern, wenn Sie einmal im Monat einen Tag lang fasten – aus hygienischen Gründen. Für Ihr Fasten sei folgende Übung empfohlen:

- Beginnen Sie schon zwei Tage vor dem Fasten, Ihre Mahlzeiten quantitativ zu reduzieren. Essen Sie zudem nichts Fettes, nichts Gebratenes, nichts Fritiertes. Rauchen Sie nicht.
- Nehmen Sie zwölf Stunden vor dem eigentlichen Beginn des Fastens als Abendessen nur leicht- oder flüssige Nahrung zu sich (z. B. Reis-, Nudel- oder Gemüsesuppe).
- Beginnen Sie Ihr Fasten am nächsten Morgen um 7 Uhr mit einem Glas lauwarmen Wassers. Trinken Sie das Wasser aber nicht in einem Zug, sondern »kauen« Sie es. Wiederholen Sie dies um 12 Uhr mittags und um 7 Uhr abends.

Abb. 69: Chin – Reinheit

- Am nächsten Morgen nehmen Sie als Frühstück Porridge, Haferschleimsuppe oder Milchbrei zu sich.
- Ernähren Sie sich an diesem und am nächsten Tag nur flüssig.
- Danach können Sie wieder wie gewohnt essen.

Um ein plötzlich aufkommendes Hungergefühl zu unterdrücken, sollten Sie folgende Atemtechniken anwenden:

Bringen Sie Ihre Zunge an die Innenseite der oberen Zahnreihe, und atmen Sie über die Zunge hinweg. Zuerst atmen Sie ein und halten den Atem neun Sekunden lang an. Danach atmen Sie durch die Nase neun Sekunden lang aus. Nun halten Sie den Atem erneut neun Sekunden lang an. Machen Sie dies so lange, bis das Gefühl des Hungers verschwunden ist.

Wenn die Darmreinigung und das Fasten die körperliche Hygiene steigern, so wird sie durch das »richtige« morgendliche Duschen noch zusätzlich verbessert, weil durch die im folgenden dargestellte Technik die körpereigene Abwehr gestärkt wird:

- Das Badezimmer sollte erwärmt sein.
- Duschen Sie so heiß wie möglich.
- Arbeiten Sie sich mit der Brause langsam von unten nach oben vor.
- Verweilen Sie einige Zeit bei jedem Körperteil.
- Die Haut sollte nun leicht gerötet sein.
- Arbeiten Sie sich mit der Brause langsam von unten nach oben vor, diesmal aber mit kaltem Wasser.
- Trocknen Sie sich mit einem rauhen Handtuch ab.

Wer an einer Herzerkrankung oder unter Bluthochdruck leidet, sollte jedoch auf diese Duschtechnik verzichten.

Abb. 70: Ching – Klarheit

Die richtige Ernährung: Essen nach der Fünf-Elemente-Lehre

Auf der Ausgewogenheit der Polaritäten von Yin und Yang basiert die Lehre von den Fünf Elementen, aus denen die gesamte Welt zusammengesetzt ist. Diese Elemente sind: Holz, Feuer, Erde, Metall, Wasser. Ihre Zusammengehörigkeit stellt sich folgendermaßen dar:

Holz bringt *Feuer* hervor;
Feuer gebiert *Asche*;
aus *Asche* wird *Erde*;
Erde birgt *Metall*;
wo *Metall* ist, ist *Wasser*;
Wasser läßt *Holz* wachsen.

In der Feng-Shui-Theorie nennt man diesen Zusammenhang die »produktive Reihenfolge«; ihr Gegenteil ist die »destruktive«:

Holz kämpft gegen *Erde*,
Erde gegen *Wasser*,
Wasser kämpft gegen *Feuer*,
Feuer gegen *Metall*,
Metall gegen *Holz*.

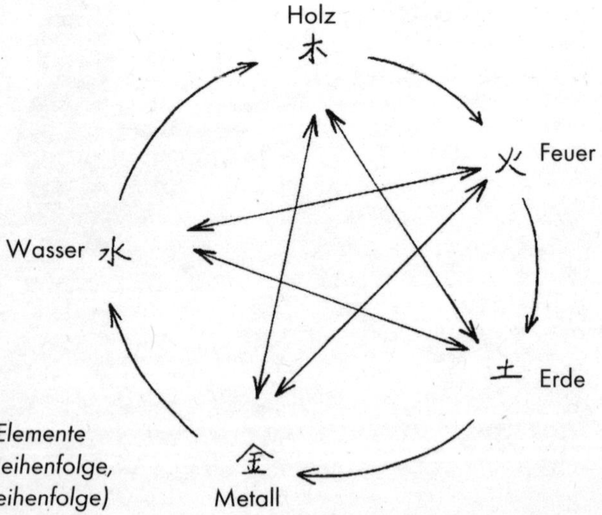

Abb. 71: Die Fünf Elemente (Kreis: produktive Reihenfolge, Stern: destruktive Reihenfolge)

Auch die Körperorgane werden von den Fünf Elementen beeinflußt. Die Zusammengehörigkeit stellt sich wie folgt dar:

Element	*Organe*	*Sinnesorgane*	*andere Körperteile*
Holz	Leber, Galle	Augen	Sehnen
Feuer	Herz, Dünndarm	Zunge, Mund	Blut
Erde	Milz, Magen	Haut	Muskeln
Metall	Lunge, Dickdarm	Nase	Haut, Haare
Wasser	Nieren, Blase	Ohren	Knochen

Die Farben und Geschmacksrichtungen werden ebenfalls von den Fünf Elementen geprägt:

Element	*Geschmacksrichtung*	*Farbe*
Holz	sauer	grün
Feuer	bitter	rot
Erde	süß	gelb
Metall	scharf	weiß
Wasser	salzig	schwarz

Nun ist es nötig herauszufinden, zu welchem Element man selbst gehört. Dazu gibt es für Frauen eine andere Methode als für Männer.

Frauen: Ziehen Sie von den beiden letzten Ziffern Ihres Geburtsjahres 4 ab, und dividieren Sie das Ergebnis durch 9. Meist erhält man eine Zahl mit Komma. Für die Zugehörigkeit ist nur die erste Ziffer hinter dem Komma von Bedeutung. Gibt es keinen Rest, so verwendet man eine hinter dem Komma gedachte Null.

Beispiel:
68 – 4 = 64 : 9 = 7,1 (gerundet); die 1 ist also von Bedeutung.

Männer: Ziehen Sie von der Zahl 100 die letzten beiden Ziffern Ihres Geburtsjahres ab, und dividieren Sie das Ergebnis durch 9. Erhalten Sie eine Zahl mit Komma, so ist ausschließlich die erste Ziffer hinter dem Komma von Bedeutung. Gibt es keinen Rest, so verwenden Sie eine hinter dem Komma gedachte Null.

Beispiel:
100 –74 = 26 : 9 = 2,8 (gerundet); die 8 ist also Ihre Zahl.

Die Zusammengehörigkeit von Zahlen und Elementen sieht folgendermaßen aus:

Holz	1	2
Feuer	3	4
Erde	5	6
Metall	7	8
Wasser	9	0

Bei der Zuordnung von Lebensmitteln zu den Elementen sollten Sie sich nicht darüber wundern, daß manche Lebensmittel mehrmals auftauchen. Das liegt daran, daß die Charakterisierung sich sowohl auf die Farbe als auch auf den Geschmack bezieht.

Holz: grüne Bohnen, grüne Äpfel, Zitronen, Grapefruits, Orangen, Stangensellerie, Petersilie, Zucchini, Erbsen, Brokkoli, Chinakohl, Spinat, Pfefferminze, Tomaten, Kiwi, Pfirsiche, Kirschen, Ananas, grüne Oliven, Essig.

Feuer: Karotten, rote Bohnen, rote Äpfel, Chili, Auberginen, Radieschen, grüner und schwarzer Tee, Tomaten, grüne und schwarze Oliven, Kirschen, Litschis, Weintrauben, Lamm, Wild.

Abb. 72: Yang Xen Ze Tao – Der Weg zur Gesundheit

Erde: weiße, grüne, rote und schwarze Bohnen, Birnen, gelbe Äpfel, Kürbis, gelber Paprika, Papayas, Mangos, Kartoffeln, Eier, Mais, Getreide, Kastanien, Melonen, Kirschen, Weintrauben, Litschis, Bananen, Ananas, Tofu, Zucker, Honig, Sesam, Geflügel, Kaninchen, Fisch, Rindfleisch.

Metall: Rettich, Peperoni, Zwiebeln, Knoblauch, Champignons, weiße Morcheln, Ingwer, Pfeffer, Schnaps, Kartoffeln, Reis, Geflügel, Fisch.

Wasser: schwarze Bohnen, schwarzer Sesam, schwarze Morcheln, schwarze Oliven, Seetang, Meeresfrüchte, Salz.

Sie kennen nun Ihre Zahl und somit Ihr Element. Sie wissen, welche Lebensmittel welchem Element zugehörig sind, und Sie haben die auf der Yin-Yang-Balance basierende Reihenfolge der Fünf Elemente kennengelernt. Wie soll nun Ihre Ernährung aussehen? Anhand des folgenden Beispiels können Sie es herausfinden:

Ihre Zahl ist die 1; Sie »sind« also Holz. Wasser und Feuer sind die »Freunde« von Holz; somit besteht die richtige Ernährung für Sie aus Wasser- und Feuer-Lebensmitteln. »Feinde« von Holz sind Metall und Erde. Ein Zuviel an entsprechenden Speisen dürfte Ihnen weniger gut bekommen.

Die richtige Atmung: Im Einklang mit dem universellen Rhythmus

Sie haben sicherlich bemerkt, daß bei vielen Übungen nicht nur die Bewegung oder die Konzentration wichtig ist, sondern vor allem das Atmen. Ein Vergleich mag Ihnen erklären, weshalb dies so ist: Wenn Sie eine Wanderung unternehmen und dabei stets falsch atmen, sind Sie schnell außer Atem. Atmen Sie dagegen richtig, so können Sie Ihre Wanderung problemlos über viele Stunden fortsetzen. Der Grund dafür liegt in der Notwendigkeit der Aufnahme von Sauerstoff, ohne den der Blutkreislauf nicht funktionieren kann. Sportarten, die im Freien ausgeübt werden, sind deshalb wesentlich gesünder als solche, die man in der Halle betreibt.

Wenn hier von »atmen« die Rede ist, dann meint dies meist ganz bewußtes Ein- und Ausatmen, das sich harmonisch in Ihren Bewegungsablauf einfügt, so daß sich aus beidem ein einziger Rhythmus ergibt. Damit Sie generell richtig atmen, beachten Sie folgende Hinweise:

- Atmen Sie immer nur durch die Nase.
- Atmen Sie immer so aus, daß Sie das Gefühl haben, Ihr Bauch würde sich dabei zurückziehen.
- Atmen Sie immer so ein, daß Sie das Gefühl haben, die Luft würde bis zum Zwerchfell gelangen.
- Atmen Sie niemals flach, sondern so tief, so lang und so ruhig wie möglich.
- Wenn Sie dies lange genug tun, wird es für Sie zur Selbstverständlichkeit werden. Sie werden nicht mehr daran denken müssen, richtig zu atmen – Sie werden es einfach tun.
- Mit jedem Atemzug werden Sie dann das Chi einatmen, die universelle Lebenskraft, die alles durchströmt.

Abb. 73: Yüen – Einheit

Das Chi-Training: Vom täglichen Umgang mit der Lebensenergie

Das Chi ist, wie schon erwähnt, jene geheimnisvolle Kraft, die wir – mangels besseren Verständnisses – nur als »Lebensenergie« umschreiben können. Die alten Japaner nannten dieses Phänomen *ki,* die Inder *prana*, die Polynesier *mana,* die Griechen *pneuma* und die Germanen *odem.* Aber auch wenn wir dieses ominöse Chi weder anfassen noch sehen, weder schaffen noch zerstören können, so sind wir doch in der Lage, es wahrzunehmen, es innerlich zu spüren und es sogar zu trainieren, um unsere Schönheitsbemühungen zu unterstützen:

- Suchen Sie einen luftigen und bequemen Platz auf.
- Tragen Sie Kleidung aus natürlichen Materialien.
- Nehmen Sie im Schneider- oder im Lotussitz Platz.
- Halten Sie Ihre Wirbelsäule gerade.
- Formen Sie die Hände zu kleinen Schalen, und legen Sie sie auf die Knie.
- Atmen Sie ruhig und langsam durch die Nase.
- Schließen Sie die Augen, und konzentrieren Sie sich auf den Chi-Punkt (»das dritte Auge«).
- Lassen Sie alle Gedanken los.
- Klappern Sie 36mal leicht mit den Zähnen. Kreuzen Sie dabei Zeige- und Mittelfinger jeder Hand, und legen Sie die Handinnenflächen an die Ohren. Klopfen Sie mit den Fingern während des Zähneklapperns 36mal auf den Hinterhauptknochen.
- Legen Sie die Hände wieder in Schalenform auf die Knie. Beschreiben Sie mit Ihrer Zunge (bei geschlossenem Mund) 36mal einen Kreis nach links und 36mal einen Kreis nach rechts.
- Spülen Sie mit dem dabei entstandenen Speichel Ihren Mund 36mal.
- Schlucken Sie den Speichel in drei Portionen.
- Konzentrieren Sie sich nun auf Ihr Brustchakra.
- Halten Sie kurz den Atem an, und reiben Sie dabei die Hände, bis sie heiß sind.
- Massieren Sie Ihre Lenden 36mal; atmen Sie dabei nicht.
- Atmen Sie tief aus und tief ein.

Abb. 74: Chi – Lebenskraft

- Konzentrieren Sie sich nun auf Ihr Nabelchakra, bis Sie spüren, wie Sich diese Region erwärmt.
- Beschreiben Sie nun mit ausgestreckten Armen 36mal einen kleinen Kreis.
- Strecken Sie die Beine geradeaus.
- Verschränken Sie die Finger knapp über dem Kopf, und beschreiben Sie mit den Armen dreimal hintereinander einen Halbkreis bis zu den Schenkeln.
- Nehmen Sie wieder den Schneider- oder Lotussitz ein.
- Wiederholen Sie die Speichelspülung insgesamt dreimal.
- Nun müßten Sie fühlen, wie sich das Chi in Ihnen entfaltet hat.

Eine weitere taoistische Übung wird folgendermaßen vollzogen:

- Legen Sie sich flach auf den Rücken.
- Die Beine sind weit geöffnet, die Handinnenflächen berühren den Boden.
- Atmen Sie tief durch die Nase ein, und halten Sie den Atem an, solange es Ihnen möglich ist.
- Atmen Sie geräuschlos durch den Mund aus.

Das Geheimnis dieser Übung liegt darin, die Zeit des Nichtatmens jeden Tag zu verlängern. Taoistische Priester können währenddessen bis 1000 zählen – allerdings bedarf es dazu jahrelanger Übung.

Die folgende Übung dient nicht nur der Steigerung der Schönheit, sondern auch der Stärkung der sexuellen Kraft:

- Legen Sie sich flach auf den Rücken.
- Die Beine sind etwas geöffnet, die Handinnenflächen berühren den Boden.
- Spannen Sie den Aftermuskel kräftig an.
- Legen Sie beide Hände auf den Unterbauch, und atmen Sie tief durch die Nase ein. Atmen Sie geräuschlos durch den Mund aus, und entspannen Sie dabei den Aftermuskel. Legen Sie die Hände wieder auf den Boden.
- Wiederholen Sie diese Übung weitere acht Male. Halten Sie beim letzten Mal den Atem an, solange Sie können. Dann drücken Sie mit einem Mittelfinger 36mal auf das Wurzelchakra. Atmen Sie durch den Mund geräuschlos aus.

- Reiben Sie die Hände heiß, und massieren Sie die Oberschenkel 36mal von innen und außen.
- Reiben Sie die Hände erneut heiß, und stützen Sie Ihr Gesicht hinein. Klappern Sie dabei 36mal mit den Zähnen.
- Reiben Sie die Hände wieder heiß. Kreuzen Sie Zeige- und Mittelfinger jeder Hand, und legen Sie die Handinnenflächen an die Ohren. Klopfen Sie mit den Fingern 36mal auf den Hinterhauptknochen.
- Reiben Sie die Hände heiß, und massieren Sie Ihre Brust 36mal.
- Reiben Sie die Hände erneut heiß, und streichen Sie 36mal von der Brust bis zum Nabel.
- Reiben Sie die Hände wieder heiß, legen Sie die linke Hand auf den Nabel, drehen Sie sich zur Seite, und massieren Sie mit der rechten Hand die Lende 36mal.
- Drücken Sie mit dem Mittelfinger der linken Hand 36mal auf das Steißbein.
- Reiben Sie die Hände heiß, legen Sie die rechte Hand auf den Nabel, drehen Sie sich zur Seite, und massieren Sie mit der linken Hand die Lende 36mal.
- Drücken Sie mit dem Mittelfinger der rechten Hand 36mal auf das Steißbein.
- Reiben Sie 120mal langsam den Unterbauch mit der linken Hand.
- Wiederholen Sie dies mit der rechten Hand.
- Für Männer: Massieren Sie mit der linken Hand 120mal die Hoden. Wiederholen Sie dies mit der rechten Hand.
- Für Frauen: Massieren Sie mit der linken Hand 120mal die rechte Brust und mit der rechten 120mal die linke Brust.
- Legen Sie sich flach hin, und entspannen Sie sich.

Selbst wenn das sehr kompliziert erscheint, wird es Ihnen nicht schaden, diese Übung regelmäßig zu machen. Sie lernen dabei, Ihr Chi nicht nur zu entdecken, sondern es auch zu entwickeln. Und daß dies von Vorteil ist, erklärte Men-Tse schon vor 2300 Jahren: »Wer sein Chi entwickelt, wird den rechten Weg finden.«

Abb. 75: Chi Nei Da Ze Gau Wu Suo Bu Zai –
Chi ist das Stärkste und Größte, was es gibt: Es ist überall.

Anhang

Das Vier-Wochen-Schönheitsprogramm

Eine Steigerung der Schönheit wird auch hier durch die Elemente Meditation, Akupressur und Ernährung erzielt. Nehmen Sie sich für dieses Programm am besten Urlaub, damit Sie zusätzlich von der dadurch herbeigeführten Entspannung profitieren.

Lesen Sie dieses Kapitel zuerst ganz durch, so daß Sie eine Vorstellung von dem erhalten, was Sie erwartet; auf diese Weise können Sie den Ablauf besser überblicken.

Es folgt die Übersicht über das gesamte Programm.

Chi-Meditation

1. Suchen Sie Ihr »drittes Auge«. Sie finden es, indem Sie eine unsichtbare Linie vom Nasenbein zum Scheitel ziehen und mit der unsichtbaren Linie, die sich über die höchste Erhebung Ihrer Augenbrauen zieht, kreuzen. Am Schnittpunkt dieser beiden Linien liegt Ihr Konzentrationspunkt.
2. Konzentrieren Sie sich bei jedem Atemzug auf diesen Punkt, den Sie sich als Ihr drittes Auge vorstellen müssen.
3. Verändern Sie für 15 Minuten an Vormittag und für 15 Minuten am Nachmittag Ihren gewohnten Atemrhythmus: Anstelle des normalen Ein- und Ausatmens atmen Sie nun einmal ein und zweimal aus. Während des zweimaligen Ausatmens sollten Sie nicht erneut einatmen.

	1. Woche		2. Woche
Mo	Meditation 1	Mo	Meditation 1–7 Übung 1
Di	Meditation 1, 2	Di	Meditation 1–7 Übung 1
Mi	Meditation 1, 2, 3	Mi	Meditation 1–7 Übung 1, 2
Do	Meditation 1, 2, 3, 4	Do	Meditation 1–7 Übung 1, 2
Fr	Meditation 1, 2, 3, 4, 5	Fr	Meditation 1–7 Übung 1, 2, 3
Sa	Meditation 1, 2, 3, 4, 5, 6	Sa	Meditation 1–7 Übung 1, 2, 3
So	Meditation 1, 2, 3, 4, 5, 6, 7	So	Meditation 1–7 Übung 1, 2, 3

	3. Woche		4. Woche
Mo	Meditation 1–7 Übung 1–3, 4	Mo	Meditation 1–7 Übung 1–6, 7 Menü 1, 5, 7
Di	Meditation 1–7 Übung 1–3, 4	Di	Meditation 1–7 Übung 1–6, 7 Menü 2, 6, 9
Mi	Meditation 1–7 Übung 1–3, 4, 5	Mi	Meditation 1–7 Übung 1–6, 7, 8 Menü 3, 4, 8
Do	Meditation 1–7 Übung 1–3, 4, 5	Do	Meditation 1–7 Übung 1–6, 7, 8 Menü 2, 5, 9
Fr	Meditation 1–7 Übung 1–3, 4, 5, 6	Fr	Meditation 1–7 Übung 1–6, 7, 8, 9 Menü 3, 6, 8
Sa	Meditation 1–7 Übung 1–3, 4, 5, 6	Sa	Meditation 1–7 Übung 1–6, 7, 8, 9 Menü 1, 4, 7
So	Meditation 1–7 Übung 1–3, 4, 5, 6	So	Meditation 1–7 Übung 1–6, 7, 8, 9 Menü 2, 6, 9

Abb. 76: Shen – Schönheit des Geistes

4. Suchen Sie sich ein Wort, das Sie ständig still wiederholen, während Sie Ihr neues Atmen üben. Dieses Wort sollte sich auf die Schönheit beziehen; es kann z. B. Glanz, Licht, Helligkeit oder Sonne heißen. Dieses Wort sollte *Ihr* Wort werden, an dem Sie sich von nun an orientieren.
5. Hören Sie sich selbst beim Atmen zu. Versuchen Sie, Ihr einmaliges Ein- und zweimaliges Ausatmen so langsam wie möglich zu halten. Am besten gelingt dies, wenn Sie gar nicht daran denken.
6. Legen Sie sich hin. Falten Sie Ihre Hände in Beckenhöhe, so als wollten Sie darin Wasser aufbewahren. Bleiben Sie mindestens fünf Minuten in dieser Position. Nachmittags wiederholen.
7. Wiederholen Sie auf andere Art die Übung 6, indem Sie nun die Hände zum Konzentrationspunkt an der Stirn heben, ohne sie zu berühren.

Chi-Akupressur

Suchen Sie Ihren Chi-Punkt, und konzentrieren Sie sich auf ihn mit geschlossenen Augen. Sie haben ihn gefunden, wenn Sie an dieser Stelle in sich einen Punkt sehen, der hell leuchtet.

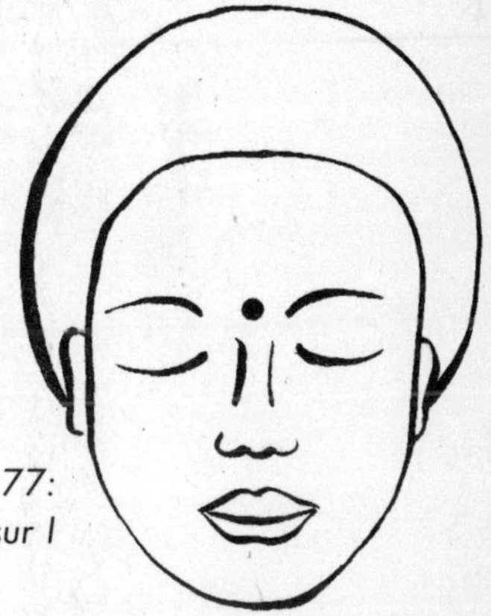

Abb. 77: Chi-Akupressur I

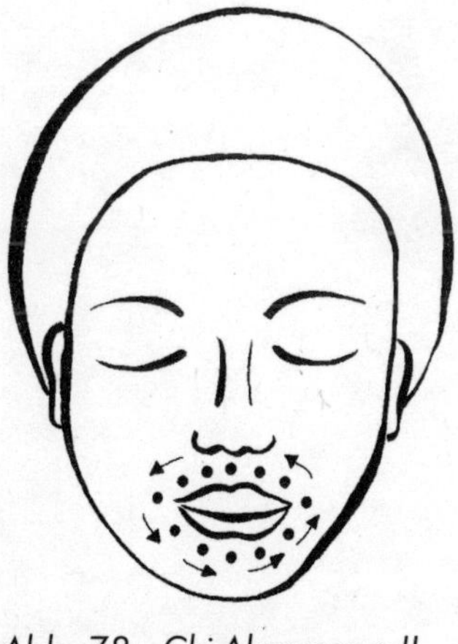

Abb. 78: Chi-Akupressur II

Atmen Sie tief ein. Beim hörbaren Ausatmen klopfen Sie mit den Fingerkuppen neunmal die Partie zwischen Nase und Kinn um den Mund herum schnell ab. Der Anschlag Ihrer Finger sollte dabei dem Stakkato des Klavierspiels ähnlich sein. Machen Sie diese Übung viermal hintereinander.

Abb. 79: Gin – Stille

Legen Sie beide Daumen an die Chi-Punkte hinter Ihren Ohrläppchen (dort, wo Sie normalerweise Parfum auflegen), und bewegen Sie beide Hände neunmal nicht zu schnell und nicht zu langsam in Richtung Kinn. Schließen Sie dabei die Augen, und öffnen Sie sie erst nach dem neunten Mal. Üben Sie dies insgesamt viermal bei jeder Sitzung.

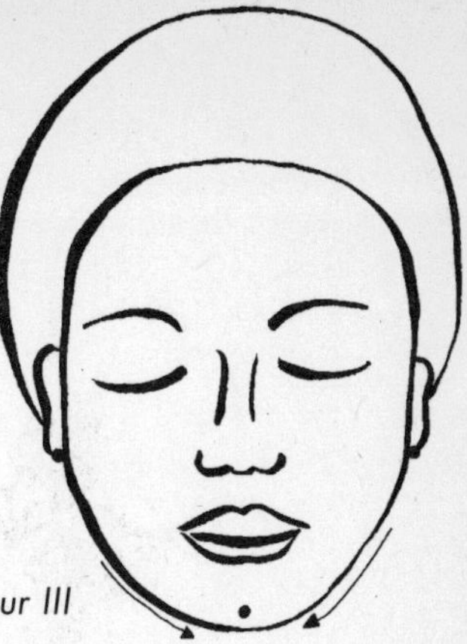

Abb. 80: Chi-Akupressur III

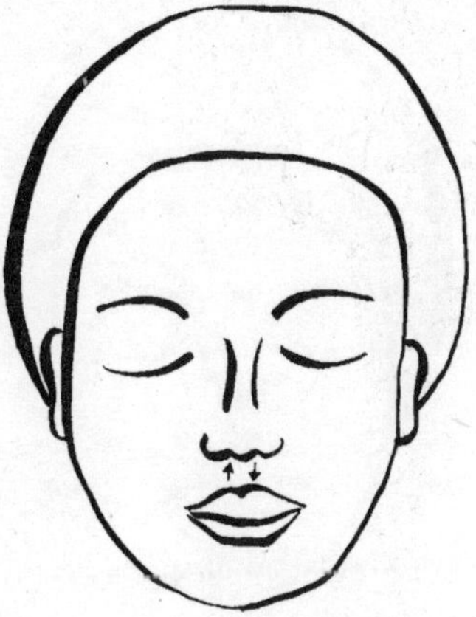

Abb. 81: Chi-Akupressur IV

Beginnen Sie Ihre Gesichtswäsche an der Nasenpartie. Sammeln Sie lauwarmes Wasser in beiden Händen, und ziehen Sie es durch kräftiges Einatmen in die Nase. Durch starkes Ausatmen lassen Sie es wieder herauslaufen. Vollziehen Sie dies insgesamt neunmal.

Tragen Sie Ihr Gesichtswasser auf. Anstatt es aber mit reibenden Bewegungen einzumassieren, klopfen Sie es mit den Fingern einer Hand in die Haut ein, und zwar neunmal an Stirn- und Kinnpartie gleichzeitig. Wiederholen Sie diesen Vorgang, und verwenden Sie dabei die andere Hand.

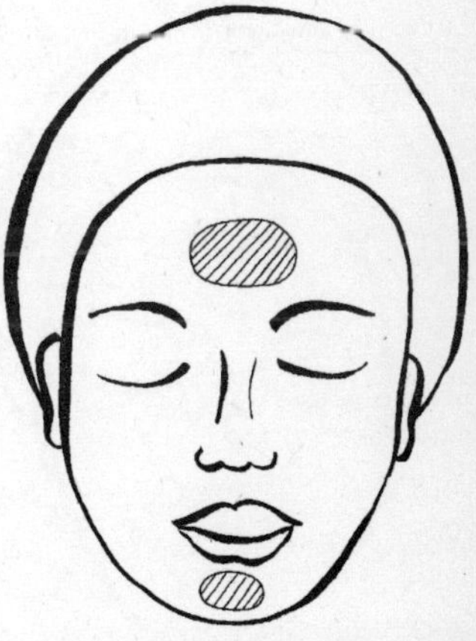

Abb. 82. Chi-Akupressur V

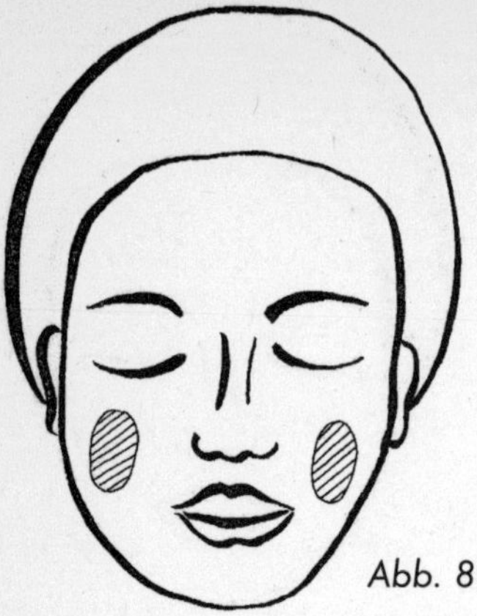

Klopfen Sie nun das Gesichtswasser mit einer Hand neunmal in die Wangenpartie ein, und wiederholen Sie diese Prozedur mit der jeweils anderen Hand.

Abb. 83: Chi-Akupressur VI

Ihre Gesichtscreme tragen Sie nun auf folgende Weise auf: Mit den Fingerkuppen der rechten Hand reiben Sie die Creme von der rechten Schläfe in acht Ringbewegungen zur linken Schläfe. Die neunte Bewegung führt an Ihrem Backenknochen und an der Wange entlang zum Kinn. Mit der linken Hand vollführen Sie die gleichen Bewegungen in die andere Richtung.

Abb. 84: Chi-Akupressur VII

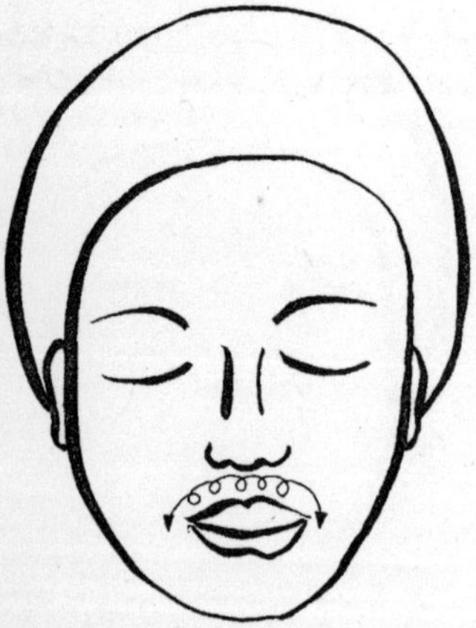

Ihre Mundpartie behandeln Sie, indem Sie die Creme mit der rechten Hand, am rechten Mundwinkel beginnend, zum linken Mundwinkel und zum Ausgangspunkt zurück in neun Kreisbewegungen einmassieren. Mit der linken Hand verfahren Sie umgekehrt.

Abb. 85: Chi-Akupressur VIII

Legen Sie Ihre Fingerkuppen an die Nasenwurzel, und verreiben Sie die Gesichts- oder Augencreme in neun sanften Kreisbewegungen um Ihre Augenpartie.

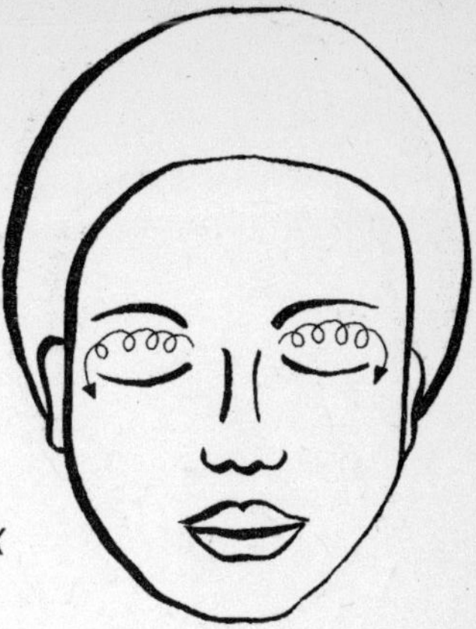

Abb. 86: Chi-Akupressur IX

Chi-Menü

Vorspeisen (für 2 Personen)

1. 200 g Hühnerbrust, fein geschnitten
   1 Knoblauchzehe, zerdrückt
   500 g Sojabohnensprossen*

Zuerst den Knoblauch in einer stark erhitzten Pfanne zusammen mit der Hühnerbrust anrösten. Wenn das Fleisch weiß ist, die Sojabohnensprossen dazugeben; das Ganze 30 Sekunden lang mit Salz und Pfeffer vermischen und sofort servieren.

---

* Falls Sie einige Produkte nicht in Ihrem Lebensmittelladen erhalten, finden Sie sie im Reformhaus.

Abb. 87: *Li – Kraft*

2. 200 g Hühnerbrust, sehr klein gehackt
3 getrocknete Chilischoten
2 Knoblauchzehen
2 Scheiben Ingwer
500 g grüne Bohnen
2 EL Sojasauce
2 TL Zucker
2 TL Sesamöl

Die gehackten Gewürze in die stark erhitzte Pfanne geben und sofort das Fleisch mitrösten, bis es weiß ist. Die Bohnen dazugeben und bei geschlossener Pfanne auf mittlerer Flamme köcheln lassen, bis sie weich sind. Sojasauce, Zucker und Sesamöl hinzugeben und das Ganze 8 Minuten ziehen lassen. Heiß servieren.

3. 1 Salatgurke
1 getrocknete Chilischote
1 Knoblauchzehe
1 EL Sojasauce
1 EL Sesamöl
1 TL Zucker

Die Gurke nach dem Schälen in rechteckige, längliche Streifen schneiden. Die Soße und die Gewürze mit den Gurkenstreifen vermischen und servieren.

Hauptspeisen (für 2 Personen)

4. 400 g Truthahnfleisch, geschnetzelt
2 Karotten
1 Rettich
$^1/_2$ Zwiebel
2 getrocknete Chilischoten
4 EL Sojasauce
4 TL Zucker
$^1/_2$ TL Salz
Reis

Das Gemüse in Würfel schneiden und mit dem Fleisch in einen Topf geben; eine Tasse Wasser hinzufügen und auf kleiner Flamme köcheln lassen. Nach 20 Minuten Sojasauce, Zucker und Salz beimischen. Erneut 20 Minuten köcheln lassen. Mit Reis servieren.

5. 150 g grüne Sojabohnen
150 g rote Sojabohnen
150 g Naturreis
200 g Zucchini, sehr fein geschnitten
200 g Sellerie, sehr fein geschnitten
1 Knoblauchzehe, sehr fein geschnitten
Öl
Pfeffer, Salz
Basilikum

Alle Zutaten in einen Topf geben und doppelt soviel Wasser darübergießen. Einige Tropfen Öl, etwas Pfeffer, Salz und Basilikumpulver darüberstreuen und das Ganze 30 Minuten kochen lassen. Die Suppe heiß servieren.

6. 300 g Spaghetti bzw. chinesische oder japanische Nudeln
1/2 Zwiebel, fein geschnitten
200 g Hühnerbrust, in Streifen geschnitten
Pfeffer, Salz
1 EL Currypulver
350 g Sojabohnensprossen
Sesamöl

Die Nudeln kochen und abtropfen lassen. In einer Pfanne die Zwiebelstücke anbraten. Wenn sie glasig sind, die Hühnerbrust, Salz, Pfeffer und Currypulver dazugeben. Sobald das Fleisch gar ist, werden die Sojabohnensprossen hinzugegeben, und das Ganze wird 30 Sekunden lang verrührt. Nun werden die Nudeln beigefügt und mit den anderen Zutaten 1 Minute lang vermischt; zum Schluß werden noch einige Tropfen Sesamöl zugegossen.

Nachspeisen (für 2 Personen)

7. 1 Mango
   1 Papaya
   1 Banane
   1 Kiwi
   1 Zitrone, gepreßt
   5 EL Honig
   30 g Mandeln, geschält und kleingehackt

Das Obst in Würfel schneiden und vermischen. Zitronensaft und Honig dazugeben und die Mandeln darüberstreuen. Das Ganze nochmals gut vermischen und gekühlt servieren.

8. 400 g rote Sojabohnen
   Bindemittel
   Zucker

Die Sojabohnen in Wasser kochen, bis es rot wird. Abgießen und die Bohnen in frischem Wasser noch mal 45 Minuten kochen lassen. Sodann etwas Bindemittel und Zucker hinzugeben. Mit Schlagsahne heiß servieren.

9. 1 Mango
   $^1/_2$ l süße Sahne

Mango vom Kern lösen und das Fruchtfleisch im Mixer zerkleinern. Dann die Sahne im Mixer so fest wie möglich schlagen. Mango und Sahne vermischen. In einem Cocktailglas servieren und mit etwas Honig garnieren.

Abb. 88: Chien – Gesundheit

Das Bade-, Schönheits- und Gesundheitsprogramm

Ein Bad dient nicht nur der Gesundheit, sondern infolge seiner entspannenden Wirkung auch der Schönheitspflege. An dieser Stelle wollen wir demonstrieren, wie es möglich ist, Chi-Akupressur und Baden miteinander zu verbinden. Gleichzeitig werden hier besondere Arten der Zubereitung* aufgezeigt, die den Effekt der Schönheit und Alterslosigkeit unterstützen helfen und dabei noch für eine gute Gesundheit sorgen.

Die Dauer eines Bades sollte zehn bis 15 Minuten betragen. Die Temperatur hat sich nach der individuellen Verträglichkeit zu richten. Alle Anwendungen stellen eine Kombination aus taoistischer Akupressur und Traditioneller Chinesischer Medizin dar.

1. Gegen trockene Haut

Vorbereitung: Geben Sie 2 Eßlöffel Sesamöl und 2 Eßlöffel Mandeln, die Sie vorher in ein Netz gefüllt haben, in das Badewasser; fügen Sie noch 10 Tropfen Lilienöl hinzu.

Legen Sie sich in die Wanne, schließen Sie die Augen, und konzentrieren Sie sich auf das Herzchakra.

2. Gegen ölige Haut

Vorbereitung: Schneiden Sie die Schale einer Orange und einer Zitrone in kleine Stücke, geben Sie sie zusammen mit einem Eßlöffel grünen Tee in ein Netz, und hängen Sie dieses ins Badewasser.

Legen Sie sich in die Wanne, schließen Sie die Augen, und konzentrieren Sie sich auf das Nabelchakra.

---

* Manche der dabei verwendeten Lebensmittel wurden erst in neuerer Zeit in China eingeführt, sind aber dennoch unverzichtbare Bestandteile der Rezeptur.

3. Gegen rauhe Haut

Vorbereitung: Geben Sie 10 Tropfen Lavendelöl ins heiße Badewasser, dazu im Netz 2 Eßlöffel Fenchelsamen sowie 4 gehackte Knoblauchzehen.
Legen Sie sich in die Wanne, schließen Sie die Augen, und konzentrieren Sie sich auf das Sexualchakra.

4. Gegen unreine Haut

Vorbereitung: Geben Sie 4 Eßlöffel Piniennadeln, 20 getrocknete Weidenblätter, ½ gehackte Zwiebel und die Schale einer Orange in das Netz, und hängen Sie dieses ins Badewasser.
Legen Sie sich in die Wanne, schließen Sie die Augen, und konzentrieren Sie sich auf die Mitte Ihrer Fußsohlen.

5. Gegen Fieber

Vorbereitung: Geben Sie einen Eßlöffel Olivenöl ins Badewasser. Hängen Sie ein Netz mit 20 gehackten Ingwerscheiben hinein.
Legen Sie sich in die Wanne, schließen Sie die Augen, und konzentrieren Sie sich auf die Akupressurpunkte an Ihren Schläfen. Massieren Sie dabei die Stellen zwischen Ihren Daumen und den Zeigefingern mit der jeweils anderen Hand fünf Minuten lang.

6. Gegen Verstopfung

Vorbereitung: Geben Sie einen Eßlöffel schwarzen Sesam, eine gehackte Zwiebel sowie einen Eßlöffel gehackte Mandeln in ein Netz. Hängen Sie dieses ins Badewasser.

Abb. 89: Chie – Sauberkeit

Legen Sie sich in die Wanne, schließen Sie die Augen, und konzentrieren Sie sich auf das Nabelchakra. Massieren Sie währenddessen die Wadenaußenseiten.

7. Gegen geschwollene Füße

Vorbereitung: Geben Sie 2 Eßlöffel rote und 2 Eßlöffel schwarze Sojabohnen in ein Netz sowie 2 Eßlöffel Weizenkörner. Hängen Sie das Netz ins Badewasser.
Legen Sie sich in die Wanne, schließen Sie die Augen, und konzentrieren Sie sich auf den Akupressurpunkt am Ende des Brustbeins.

8. Gegen Kopfschmerzen

Vorbereitung: Geben Sie 2 Eßlöffel grüne Teeblätter, 10 Scheiben gehackten Ingwer und einen gehackten Stangensellerie in ein Netz, und legen Sie dieses ins Badewasser.
Legen Sie sich in die Wanne, schließen Sie die Augen, und konzentrieren Sie sich auf den Akupressurpunkt am Nackenhaaransatz. Massieren Sie dabei Ihre Fußsohlen.

9. Gegen Streß

Vorbereitung: Geben Sie einen Eßlöffel Sesamöl ins Badewasser. In ein Netz füllen Sie 2 Eßlöffel ungekochten Reis und eine gehackte, ungeschälte rohe Kartoffel; hängen Sie das Netz ins Wasser.
Legen Sie sich in die Wanne, schließen Sie die Augen, und konzentrieren Sie sich auf das Ende des Steißbeins. Massieren Sie dabei Ihre Fußsohlen.

10. Gegen Verdauungsprobleme

Vorbereitung: Geben Sie 10 Tropfen Sandelholzöl ins Badewasser. Füllen Sie 3 Eßlöffel Sojabohnen, 2 Eßlöffel Fenchelsamen und einen Eßlöffel Reis in ein Netz, und hängen Sie dieses ins Wasser.
Legen Sie sich in die Wanne, schließen Sie die Augen, und massieren Sie die Stellen unterhalb der Schulterblätter. Massieren Sie auch den Spann Ihrer Füße.

11. Gegen Husten

Vorbereitung: Geben Sie 20 Tropfen Orangenöl und einen Eßlöffel Honig ins Badewasser. Füllen Sie die gehackte Schale einer Grapefruit und eine in Scheiben geschnittene Birne in ein Netz. Hängen Sie dieses ins Wasser.
Legen Sie sich in die Badewanne, schließen Sie die Augen, und konzentrieren Sie sich auf die Mitte Ihres Nackens und den ersten Halswirbel.

12. Gegen Muskelschmerzen

Vorbereitung: Geben Sie einen Eßlöffel Salz ins Badewasser. Füllen Sie einen Eßlöffel Piniennadeln, 2 Eßlöffel schwarze Sojabohnen und 5 Scheiben gehackten Ingwer in ein Netz. Hängen Sie dieses ins Wasser.
Legen Sie sich in die Wanne, schließen Sie die Augen, und massieren Sie die Innenseite Ihrer Unterarme sowie die Vorderseite Ihrer Unterschenkel.

Abb. 90: Chin Song – Entspannung

13. Gegen Nervosität

Vorbereitung: Geben Sie einen Eßlöffel Rosenblätter, einen Eßlöffel Weizenkörner und 10 gehackte, getrocknete Pflaumen in ein Netz, und hängen Sie es ins Badewasser. Fügen Sie dann dem Wasser 10 Tropfen Rosenöl hinzu.
Legen Sie sich in die Wanne, schließen Sie die Augen, und konzentrieren Sie sich auf das Ende des Brustbeins. Massieren Sie dabei Ihre Schläfen.

14. Gegen Appetitlosigkeit

Vorbereitung: Geben Sie $^1/_2$ gehackte Karotte, 5 Knoblauchzehen, $^1/_2$ Eßlöffel schwarzen Pfeffer und 2 Eßlöffel schwarzen Sesam in ein Netz, und hängen Sie es ins Badewasser.
Legen Sie sich in die Wanne, schließen Sie die Augen, und massieren Sie den Bereich zwischen Ihren Schulterblättern bis zu den Hüftknochen sowie Ihre Fußsohlen.

15. Gegen Rheuma

Vorbereitung: Geben Sie 10 Tropfen Tigerbalsamöl ins Badewasser. Füllen Sie 4 Eßlöffel Piniennadeln und $^1/_2$ in Scheiben geschnittene Papaya (ohne Samen) in ein Netz, und hängen Sie es ins Wasser.
Legen Sie sich in die Wanne, schließen Sie die Augen, und konzentrieren Sie sich auf das Kehlchakra. Massieren Sie dabei die Akupressurpunkte in der Mitte Ihrer Kniekehlen.

16. Gegen Blähungen

Vorbereitung: Geben Sie 10 Tropfen Tigerbalsamöl ins Badewasser. Füllen Sie die kleingeschnittene Schale einer Grapefruit, einen Eßlöffel grüne Teeblätter sowie einen Eßlöffel Fenchelsamen in ein Netz. Hängen Sie dieses ins Badewasser.
Legen Sie sich in die Wanne, schließen Sie die Augen, und konzentrieren Sie sich auf das Ende des Brustbeins. Massieren Sie dabei Ihren Unterbauch.

17. Gegen Bronchitis

Vorbereitung: Geben Sie 10 Tropfen Tigerbalsamöl ins Badewasser. Füllen Sie 10 getrocknete Mispelblätter, eine feingeschnittene Birne, die feingeschnittene Schale von $^1/_2$ Grapefruit und 2 Eßlöffel gehackte Erdnüsse in ein Netz. Hängen Sie dieses ins Badewasser.
Legen Sie sich in die Wanne, schließen Sie die Augen; konzentrieren Sie sich auf das Scheitel- und das Nabelchakra, und massieren Sie die Schultern.

18. Gegen Akne

Vorbereitung: Geben Sie eine gehackte Stangensellerie, 2 Eßlöffel grüne Teeblätter, 20 getrocknete Weidenblätter, 10 getrocknete Pflaumen und 10 Rosinen in ein Netz, und hängen Sie dieses ins Badewasser.
Legen Sie sich in die Wanne, schließen Sie die Augen, und massieren Sie den Bereich zwischen Brust und Nabel.

Abb. 91: Shui – Wasser

19. Gegen Grippe

Vorbereitung: Geben Sie 10 Tropfen Tigerbalsamöl und einen Eßlöffel Honig ins Badewasser. Füllen Sie 4 gehackte Knoblauchzehen, 10 dünne Scheiben Karotten sowie eine geschnittene Zwiebel in ein Netz und hängen es ins Wasser.
Legen Sie sich in die Wanne, schließen Sie die Augen, und massieren Sie die Schläfen, den Nacken und den ersten Halswirbel.

20. Gegen Neurodermitis

Vorbereitung: Geben Sie 4 Eßlöffel weißen Essig ins Badewasser. Füllen Sie 4 Eßlöffel Piniennadeln in ein Netz, und hängen Sie es ins Wasser.
Legen Sie sich in die Wanne, schließen Sie die Augen, und konzentrieren Sie sich dabei auf die Rippenbögen und das Herzchakra. Massieren Sie Ihre Achillessehnen.

Aus dem Schatzkästlein der Kaiserin: Kleine Tricks für Notfälle

Diese Hinweise sind für Situationen gedacht, in denen schnelle Hilfe erforderlich ist. Dennoch sind diese »Tricks« so gestaltet, daß sie auch dann angewendet werden können, wenn es sich nicht gerade um Notfälle handelt.

Sie haben zuviel Knoblauch gegessen

Gegen den unangenehmen Geruch von Knoblauch gibt es mehrere Möglichkeiten: Sie können ein Glas Milch trinken oder ein Glas Tee; Sie können es mit Kaugummi versuchen oder auch mit Mundwasser. Keine Methode aber ist besser und effektiver, als einen kleinen Bund Petersilie zu essen, was zudem noch Ihren Eisenhaushalt ankurbelt.

Sie haben Schluckauf

Bei Schluckauf gibt es mehrere Möglichkeiten, ihn zu unterdrücken: Trinken Sie ein halbes Glas Wasser in drei Zügen leer; nachdem Sie tief ausgeatmet haben, halten Sie sich die Nase zu und den Atem an.
Sie können auch mit Eßstäbchen über einem Glas Wasser ein Kreuz bilden und dann aus jedem der vier »Segmente« trinken. Das klingt zwar lächerlich, funktioniert aber.
Haben Sie dieses Problem öfters, dann zerkleinern Sie die Schale eines Eies, kochen sie in 3 Tassen Wasser 20 Minuten lang auf kleiner Flamme und trinken dann den Sud (eignet sich auch gegen Blähungen).

Sie müßten Ihre Haare waschen, haben aber keine Zeit dazu

Nehmen Sie einen Wattebausch, tränken Sie ihn mit medizinischem Alkohol, und tupfen Sie die Haarwurzeln damit ab. Massieren Sie die Kopfhaut 3 Minuten lang, und bürsten Sie dann das Haar von hinten nach vorn.

Sie haben eine Erkältung, müssen aber einen Termin wahrnehmen

Trinken Sie 2 Tassen Cola, das zusammen mit 10 dicken Scheiben Ingwer erhitzt wurde. Geben Sie 2 Eßlöffel Honig dazu sowie den Saft einer ganzen, frisch gepreßten Zitrone, und trinken Sie das Ganze. Dieses Rezept ist besonders in Hongkong sehr beliebt.

Sie haben Fußpilz

Die Behandlung und Vertreibung dieses unangenehmen Zeitgenossen dauert normalerweise einige Wochen. Doch ein altchinesisches Rezept hilft, falls der Pilz noch nicht zu ausgebreitet ist, innerhalb von drei Tagen.
Bereiten Sie folgendes Fußbad vor: 1 Liter Wasser und 1 Liter Essig werden zusammen so erhitzt, daß Sie es gerade noch ertragen können. Baden Sie darin die Füße wenigstens einmal am Tag 10 bis 20 Minuten.

Sie haben Schuppen

Geben Sie $^{1}/_{3}$ Weizenmehl und $^{2}/_{3}$ Wasser in einen Topf. Lassen Sie das Ganze bei kleiner Temperatur unter Umrühren köcheln, bis ein sämiger Brei entstanden ist. Diesen lassen Sie abkühlen und vermischen ihn danach mit 2 Eiweiß. Nun waschen Sie Ihre Haare ohne Shampoo, nur mit Wasser, und massieren den Brei ein. Packen Sie Ihr Haar 5 Minuten lang in ein Handtuch, spülen Sie es aus, und trocknen Sie es.

Abb. 92: *Ya – Eleganz*

Sie haben Kopfschmerzen

Drücken Sie mit dem Daumen und dem Zeigefinger der rechten Hand die weiche Stelle zwischen Daumen und Zeigefinger der linken Hand, und umgekehrt. Drücken Sie so lange, bis Sie an diesen Stellen keine Empfindung mehr haben. Drücken Sie nun mit Daumen und Zeigefingern von den Ohrläppchen aus die Ränder der Ohren nach oben, bis Sie dort keine Empfindung mehr haben.

Sie fühlen sich gestreßt

Sie können vor lauter Problemen nachts nur sehr schwer einschlafen und fühlen sich am Morgen wie gerädert. Drücken Sie mit Zeige- und Mittelfingern beide Schläfen, und pressen Sie gleichzeitig die Daumen an den linken und rechten Haaransatz im Nacken. Arbeiten Sie sich von dort mit den Daumen zu den beiden anderen Fingern an den Schläfen drückend vor. Drücken Sie stets so intensiv, bis Sie keine Empfindung mehr haben.

Sie haben plötzlich Bauchschmerzen

Legen Sie Ihre Hand auf das Knie. Öffnen Sie die Finger, und drücken Sie den Ringfinger heftig ins Muskelfleisch, bis Sie keine Empfindung mehr haben.

Sie fühlen sich blaß und schwach

Nehmen Sie ein heißes Fußbad, und massieren Sie dabei mit den drei ersten Fingern die Ohren, indem Sie vom Ohrläppchen an zuerst nach oben drücken und dann den Rand zwirbeln, bis Sie keinen Schmerz mehr spüren.
Trocknen Sie die Füße ab, und klopfen Sie mit den Knöcheln der Faust so lange auf die Fersen, bis Sie dort nichts mehr spüren.

Abb. 93: Yün – Charme

Sie haben Verstopfung

Lösen Sie 2 Teelöffel Salz in lauwarmem Wasser auf und trinken Sie.

Sie wollen künstliche Wimpern verwenden

Entfernen Sie an den künstlichen Wimpern jedes zweite Haar. Dieser kleine Trick läßt sie wie echt aussehen.

Sie wollen, daß Ihre Haare sofort seidigen Glanz bekommen

Machen Sie Ihre Haare mit heißem Wasser naß, gießen Sie ein Likörglas weißen Essig darüber, und massieren Sie diesen ein. Danach spülen, waschen, trocknen.

Sie wollen, daß Ihre Haut sofort glatter aussieht

Teilen Sie ein Eiweiß in zwei Hälften. Reiben Sie mit der einen Hälfte Ihr Gesicht ein, und waschen Sie es sofort mit lauwarmem Wasser ab. Reiben Sie nun die zweite Eiweißhälfte auf Ihr Gesicht, und lassen Sie es 5 bis 10 Minuten trocknen. Dann waschen Sie Ihr Gesicht nochmals mit lauwarmem Wasser und tupfen es mit einem Handtuch sorgsam ab.

Sie haben Mundgeruch

Amerikaner und Europäer greifen in einem solchen Fall meist zu Kaugummi, was aber das Problem nicht wirklich beseitigt, denn es hängt sehr oft mit den Zähnen oder mit dem Magen zusammen. Die Chinesen verwenden in einem solchen Notfall (nicht für die generelle Heilung) vier Blätter grünen Tee. Kauen Sie diese, solange sie Geschmack absondern. Beim Kauen werden die getrockneten Blätter durch den Speichel größer.

Abb. 94: Huo – Aktivität

Sie haben Zahnschmerzen

Massieren Sie die schmerzende Stelle im Mund mit Salz.

Sie wollen Altersflecken vermeiden

Trinken Sie ab dem 50. Lebensjahr täglich den Saft einer gepreßten Kartoffel.

Abb. 95: *Yen – Sinnlichkeit*

Abb. 96: Chin Tuen – Jugend

Das 50-Punkte-Programm für Schönheit und Alterslosigkeit

Dieses Buch möchte Sie in das altchinesische Wissen von Schönheit und Alterslosigkeit einweihen. Seit jeher gilt im Reich der Mitte das Alter als besonders verehrungswürdig, dies ist eine der ganz wesentlichen Ansichten, in der sich der Osten vom Westen unterscheidet. Im Westen ist es dagegen für den älteren Menschen von speziellem Vorteil, über ein schönes Äußeres zu verfügen, so daß er das Alter nicht zu fürchten braucht. In Asien fürchtet man das Alter hingegen überhaupt nicht – im Gegenteil, man freut sich darauf, eben gerade deshalb, weil es so respektiert wird. Und dies ist der Grund dafür, weshalb sich niemand »richtig« alt fühlt.

Wie aber kann es – trotz allen Respekts – gelingen, jünger auszusehen? Dies sind die Antworten:

1. Höre nie auf zu lernen.
2. Stehe stets auf eigenen Füßen.
3. Sei vom Zweifel weit entfernt.
4. Bedenke, daß nicht nur du allein einen Willen hast.
5. Lerne es, andere zu verstehen.
6. Folge dem Weg deines Herzens.
7. Strebe nach Selbsterkenntnis.
8. Bemühe dich um Menschenkenntnis.
9. Übe dich im Alleinsein.
10. Übe dich im Zusammensein mit anderen.
11. Bleibe stets erwartungslos.
12. Freue dich nicht zuviel.
13. Ärgere dich nicht zuviel.
14. Vertraue deiner Kraft.
15. Verliere nie die Fähigkeit zu staunen.
16. Die Geduld sei dein steter Begleiter.
17. Lobe deine Kritiker.

Abb. 97: Che Chou – *Bescheidenheit*

Abb. 98: Chi Che – *Persönlichkeit*

18. Betrachte dein Äußeres im Spiegel – und dein Inneres in den Erwiderungen der Menschen.
19. Behandle alles im Leben gleich.
20. Leiste jedem immer und überall Hilfe.
21. Suche keinen Gewinn.
22. Sei behutsam mit den Worten.
23. Halte deine Gedanken im Zaum.
24. Sei selbst glücklich, wenn ein anderer glücklich ist.
25. Fühle mit allem.
26. Halte dich vom Hochmut fern.
27. Lebe mit Weitblick.
28. Pflege die Trauer.
29. Halte dich zuerst an die Liebe, dann an die Menschen, dann an das Gesetz.
30. Übe dich im Verzeihen.
31. Schmeichle nicht.
32. Beende das Fürchten.
33. Lebe dein Wissen.
34. Mache dir deine Verantwortung bewußt.
35. Halte deine Leistungen für selbstverständlich.
36. Fürchte dein Können mehr als Gefahren.
37. Sieh wie der Blinde, höre wie der Taube.
38. Halte den Erfolg nicht für einen treuen Begleiter.
39. Geh deinen Weg in Leichtigkeit.
40. Genieße die Arbeit.
41. Sei der Gerechtigkeit ein Helfer.
42. Lerne zu dienen.
43. Betrachte das Unsichtbare als sichtbar.
44. Sei gütig.
45. Sei mutig.
46. Sei ehrfürchtig.
47. Sei treu.
48. Suche die Weisheit.
49. Vereine Liebreiz und Anmut.
50. Laß dich nicht von der Schönheit betören.

Abb. 99: *Chao – Liebreiz*

»Das Edle
fördert das Schöne
im Menschen.«

KONFUZIUS

Abb. 100: Hsiu – Anmut

Übersicht der Chakras

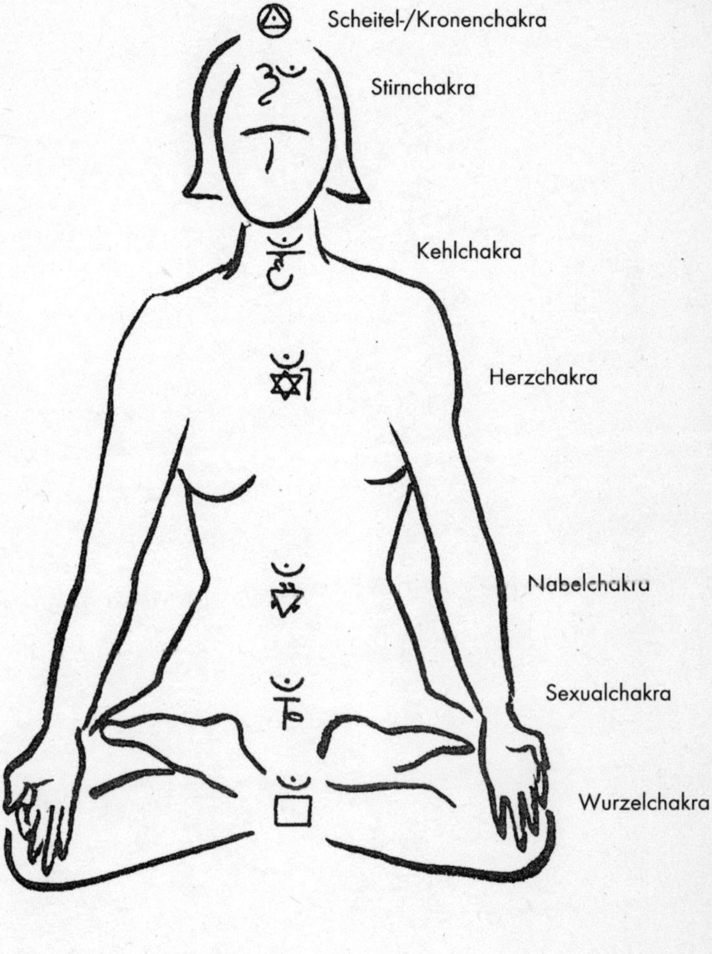

Verzeichnis der Abbildungen

Register